GÜTERSDIE
LOHERVISION
VERLAGSEINER
HAUSNEUENWELT

Jacques Lecomte

Der Welt geht es besser, als Sie glauben

50 Gründe, optimistisch zu sein

Aus dem Französischen
übersetzt von Monika Köpfer

GÜTERSLOHER VERLAGSHAUS
DIE VISION EINER NEUEN WELT

Für Tupay, Maxence und alle Kinder dieser Welt.
Auf dass die Erde, die wir euch hinterlassen,
noch schöner und friedlicher wird,
als sie es heute ist!

Für alle Frauen und alle Männer,
die etwas verändern wollen
und sich unermüdlich für dieses Ziel einsetzen.

INHALT

EINFÜHRUNG
DIE WELT BRAUCHT EINE REALISTISCHE HOFFNUNG

»Die beiden wichtigsten Dinge auf der Welt sind Liebe und Vorstellungskraft. Und das sind zwei erneuerbare Ressourcen.«
Yann Arthus-Bertrand[1]

Als Sie den Titel »Der Welt geht es besser, als Sie glauben« gelesen haben, waren Sie bestimmt irritiert, wenn nicht gar schockiert. Wie kann es der Welt besser gehen, da doch Arbeitslosigkeit, Kriege, Anschläge, Erderwärmung und all die anderen schlechten Nachrichten die Schlagzeilen beherrschen?

Die Welt aus einem anderen Blickwinkel betrachten, um besser handeln zu können

Die Zahlen sagen uns indes etwas ganz anderes: In den letzten Jahrzehnten haben, bezogen auf den gesamten Globus, Armut, Hunger, Analphabetismus und Krankheiten so stark abgenommen wie nie zuvor. Die diesbezüglichen Zahlen und Fakten stammen von internationalen Institutionen wie der UNO, UNICEF, der FAO, UNESCO, der WHO, der Weltbank, Internationalen Arbeitsorganisation (ILO), dem Umweltprogramm der Vereinten Nationen oder aus wissenschaftlichen Studien, die den Prozess dieser Verbesserungen beschreiben. Die Gewalt ist seit einigen

Jahrhunderten im Abnehmen begriffen ... Kurzum, es geht der Menschheit entgegen der landläufigen Meinung sehr viel besser als noch vor zwanzig Jahren, wenngleich allzu viel noch im Argen liegt. Was die Erde angeht, so ist sie in mancherlei Hinsicht in weniger guter, in anderer hingegen in besserer Verfassung als früher.

Es gibt wahre Meilensteine zu verzeichnen; zum Beispiel spricht man heute vom »Null-Hunger-Ziel«. Allerdings werden derlei Fortschritte nicht auf revolutionäre Weise erreicht. Die Idee eines großen revolutionären Moments, der eine gerechtere Gesellschaft bewirken soll, erscheint nicht mehr zeitgemäß. Im Lauf der letzten Jahre hat sich ein auf viele Gebiete anwendbarer Begriff durchgesetzt: Wandel. Man spricht von demokratischem, energetischem, demografischem Wandel, ja selbst von einem Wandel der Waldwirtschaft. Die damit verbundene Entwicklung ist weniger spektakulär, aber die Ergebnisse sind dafür umso beeindruckender. »Viel mehr als Wut und Kraft haben hier Geduld und Zeit geschafft«, schrieb bereits La Fontaine[2] ...

Zahlreiche Aktivisten oder Journalisten halten es für notwendig, den Zustand unserer Welt zu dramatisieren, um einen heilsamen Schock herbeizuführen. Diese Strategie hat durchaus Vorteile, stößt aber auch an ihre Grenzen (siehe folgendes Kapitel). Eine Phase der Anschuldigungen kann eine Zeitlang durchaus hilfreich sein, aber wenn sie zu lange dauert, droht sie uns durch Schwarzseherei und Ohnmacht zu lähmen und in Untätigkeit verfallen zu lassen. *Engagieren wir uns für etwas, statt gegen etwas zu agieren!*

Ich habe bereits einige Bücher geschrieben, die von der Notwendigkeit handeln, sowohl einen positiven als auch analytischen Blick auf die Welt zu werfen (eine Haltung, die ich »Optirealismus« nenne)[3]. Sie drückt aus, dass der wahre Optimismus Realismus braucht, um nicht irgendwelchen Illusionen zu verfallen, aber auch, dass die angemessenste Form des Realismus die des aktiven Optimismus ist.

Zu behaupten, der Welt gehe es besser, als wir glauben, bedeutet nicht, dass es ihr gut geht. Aber realistisch zu sein, beinhaltet auch, die bereits zurückgelegte Wegstrecke zu ermessen und die Menschheit zu ermutigen, die nötigen Maßnahmen fortzusetzen, denn, ja, es bleibt noch eine Menge zu tun! Daher ist Optimismus so wichtig. Kein einfältiger Optimismus, bei dem man die Hände in den Schoß legt, sondern ein resoluter, engagierter Optimismus. Die besten Neuigkeiten können entstehen – dieses Buch bezeugt es –, wenn jeder von uns seinen Teil dazu beiträgt.

Übrigens bin ich – glücklicherweise! – nicht der Erste, der anregt, das Augenmerk auf die positiven Facetten unserer Welt zu legen. Einige engagierte Persönlichkeiten haben sich bereits dieser Aufgabe angenommen, in sich zum Teil ähnelnder, zum Teil aber auch unterschiedlicher Weise; um nur ein paar wenige zu nennen, Yann Arthus-Bertrand, Alain Bougrin-Dubourg, Jean-Claude Guillebaud, Edgar Morin, Michel Serres, Patrick Viveret[4].

Handeln auf drei Ebenen

Dieses Buch erstellt also eine Bilanz der positiven Entwicklungen in unserer Welt und hebt zugleich die Ursachen und Prozesse hervor, denen der Fortschritt zu verdanken ist, sowie die individuellen, soziologischen und institutionellen Faktoren, die dazu beitragen.

Auf individueller Ebene kann man einen erheblichen Teil der Verbesserungen dem unermüdlichen Engagement von Frauen und Männern im Dienst der Menschheit und des Planeten zuschreiben. Wenngleich sie nach eigenem Ermessen handeln, gelingt es ihnen mitunter, politische oder ökonomische Lenker von der Wichtigkeit der Ziele, die sie verfolgen, zu überzeugen.

Auf gesellschaftlicher Ebene lässt sich beobachten, dass sich die Einstellung zu gewissen Bereichen positiv verändert, insbesondere dem der Umwelt und des Friedens. Hierzu zählen auch verschiedene bürgerschaftliche Gruppen, die ihr Schicksal selbst in die Hand nehmen. Diese Zwischenebene wird von den Politikern, die dazu neigen, dem Einzelnen den Vorrang zu geben (vor allem die Politiker des rechten Lagers) oder aber der Gesamtheit der Gesellschaft (die des linken Lagers) leider allzu oft übersehen, und dabei vergessen, dass wir soziale Wesen sind und die Zugehörigkeit zu einer bestimmten Gruppe den Menschen Lebenssinn und Tatkraft verleiht. Wie wir noch sehen werden, ist das bürgerliche Engagement einer der wichtigsten Erfolgsfaktoren für eine stabile Demografie, eine bessere Gesundheit (zum Beispiel der Kampf gegen Aids und Malaria) oder eben den Schutz der Natur. Die bürgerliche Ebene stützt sich auf die Fähigkeit der Menschen, gemeinsam etwas auf die Beine zu stellen – mitunter tun sich sogar ehemalige Feinde zusammen –, wenn sie ein höheres Ziel vor Augen haben, das sie gegensätzliche Einstellungen überwinden lässt. Solche Partnerschaften erweisen sich bei vielen in diesem Buch aufgezeigten Erfolgen als unverzichtbare Hebel.

Und schließlich *die politische Ebene der Institutionen,* sowohl der nationalen als auch der internationalen. Die Menschen müssen oft erkennen, dass sie meist nur wenig erreichen, wenn es ihnen nicht gelingt, die politischen und ökonomischen Lenker von ihrer Sache zu überzeugen. Diese spielen eine Schlüsselrolle, wenn es darum geht, positive Entwicklungen zu verzeichnen, ob es sich um die Bekämpfung der Armut oder des Hungers in der Welt handelt, die Verbesserung der öffentlichen Gesundheit oder den Umweltschutz. Bei dieser Gelegenheit sei hervorgehoben, dass die UNO entgegen der landläufigen Meinung sehr wohl nützlich ist, auch wenn sie offensichtlich nicht alle Probleme unseres Planeten lösen kann.

Den konzeptionellen Sockel dieses Buchs bilden drei Quellen der Inspiration, die sich ergänzen:

- die Positive Psychologie[5], die erforscht, unter welchen Bedingungen und Prozessen sich Individuen, Gruppen oder Institutionen entfalten und optimal funktionieren;
- der Konvivialismus[6], eine neue politische Philosophie, der zufolge eine legitime Politik auf vier Prinzipien beruhen müsste: der gemeinsamen

Menschheit, der gemeinsamen Sozialität, Individuation und Konfliktbeherrschung;
- eine optimistische Vision, die davon ausgeht, dass alle Menschen die Anlage zur Güte[7] in sich haben, die sich entweder entfalten oder abschwächen kann, abhängig von den persönlichen Entscheidungen und dem sozialen Umfeld. Gewisse Bedingungen können die besten Eigenschaften in einem Menschen entstehen lassen, andere die schlechtesten.

Aber um das Beste hervorbringen zu lassen, sind Vertrauen und Hoffnung unabdingbar. Das, was die Welt heute am meisten braucht, sind realistisch-hoffungsvolle Botschaften, die uns aufzeigen, dass eine bessere Welt möglich ist und jeder von uns dazu beitragen kann, sie zu schaffen. Wir müssen unbedingt von einem hoffnungslosen Pessimismus zu einem inspirierenden Optimismus gelangen. Optirealistisch zu sein ist mehr als eine individuelle Lebenseinstellung, sondern wird zunehmend zu einer ethischen Notwendigkeit für die Menschheit.

Anmerkungen

1 Auf der Webseite Good Planet.
2 Jean de La Fontaine, *Der Löwe und die Maus, Fabeln.*
3 Lecomte, J. (2012), *La Bonté humaine*, Paris, Odile Jacob und Lecomte, J. (2016), *Les Entreprises humanistes. Comment elles vont changer le monde,* Paris, Les Arènes.
4 Arthus-Bertrand, Y. (2010), *Vu du ciel. Quand des hommes s'engagent pour la nature*, Paris, La Martinière. Bougrain-Dubourg, A. (2010), *Les Héros de la biodiversité*, Rennes, Ouest-France. Guillebaud, J.-C. (2012), *Une autre vie est possible. Comment retrouver l'espérance*, Paris, L'Iconoclaste. Morin, E. (2011), *La Voie. Pour l'avenir de l'humanité*, Paris, Fayard. Serres, M. (2016), *Darwin, Bonaparte et le Samaritain, une philosophie de l'histoire*, Paris, Le Pommier. Viveret, P. (2012), *La Cause humaine. Du bon usage de la fin d'un monde,* Paris, Les Liens qui libérent.
5 Lecomte J. (Hg.) (2009), *Introduction à la psychologie positive,* Paris, Dunod.
6 (2014) *Das konvivialistische Manifest. Für eine neue Kunst des Zusammenlebens.* Herausgegeben von Frank Adloff und Claus Leggewie in Zusammenarbeit mit dem Käte Hamburger Kolleg / Centre for Global Cooperation Research Duisburg, übersetzt aus dem Französisischen von Eva Moldenhauer. Bielefeld, Transcript.
7 Lecomte J. (2012), *La Bonté humaine*, a.a.O.

DREI GUTE GRÜNDE, DEN UNTERGANGSPROPHETEN NICHT ALLZU VIEL GEHÖR ZU SCHENKEN

»Das Einzige, wovor wir Angst haben müssen, ist die Angst selbst.«
Franklin Roosevelt[1]

Sich um die Probleme dieser Welt zu kümmern, ist ganz offensichtlich eine Notwendigkeit; was ich hier allerdings in Abrede stelle, ist der Nutzen des Übermaßes an Katastrophenmeldungen, die Tag für Tag von den Medien verbreitet werden. Es gibt drei gute Gründe, warum wir Vorsicht walten lassen sollten, wenn die Untergangspropheten ihre Nachrichten auf uns einprasseln lassen; Gründe, die ich in folgender, in meinen Augen eskalierender Reihenfolge eingestuft habe:

- Diese Nachrichten sind oft irreführend;
- sie demotivieren uns;
- sie verleiten nicht selten zu autoritären politischen Maßnahmen.

Wozu diese Schwarzmalerei?

Dieses Buch zeigt auf, in welchem Maß unser Planet und seine Bewohner von dem Bild abweichen, das die Medien uns tagtäglich zeichnen. Aber woher rührt diese große Diskrepanz?

Professor Richard Ladle von der Universität Oxford fragt sich nicht ohne einen ordentlichen Schuss Ironie, ob der Journalismus, der den aktuellen Zustand der Umwelt beschreibt, nicht selbst ein neues Opfer der globalen Klimaerwärmung ist.[2] Er führt einige Beispiele an, die zeigen, wo die Journalisten ein weitaus düstereres Katastrophenszenario gemalt haben als die Wissenschaftler, aus deren Werken sie zitierten, und bemüht sich, die Gründe dafür zu verstehen. Um dieses Phänomen zu begreifen, hat er mit anderen Universitätskollegen, militanten Umweltaktivisten und Journalisten gesprochen und hat drei Hauptgründe ausgemacht:

- Wissenschaftler und Aktivisten glauben, dass sie für ihre Botschaft in der breiten Öffentlichkeit und bei den politischen Entscheidern nur Gehör finden, wenn sie die Ergebnisse dramatisieren und die Tatsache, dass die jeweiligen Vorhersagen recht ungewiss sind, bagatellisieren.
- Etliche Journalisten haben sich dieser Meinung angeschlossen, aber in ihrem Fall kommt ein weiterer Aspekt hinzu: Da es kaum möglich ist, in der ihnen zur Verfügung stehenden Zeit oder auf dem vorhandenen Platz die mit gewissen Umweltproblemen verbundenen Nuancen und Ungewissheiten zu berücksichtigen, entscheiden sie sich für eine verkürzte und reißerische Darstellung.
- Sowohl die einen als auch die anderen glauben, dass die breite Öffentlichkeit intellektuell nicht in der Lage ist, die detaillierten Feinheiten der

wissenschaftlichen Untersuchungen zum Thema Umwelt zu begreifen.

Folgendes Beispiel beleuchtet dieses Phänomen: Ein Team von Wissenschaftlern der Universität Oklahoma hat fünf Studien zum angeblichen Aussterben Hunderter tropischer Vögel unter die Lupe genommen[3]. Dabei kam heraus, dass 92% der aufgeführten Arten laut der Internationalen Union zur Bewahrung der Natur und natürlicher Ressourcen der Gefährdungskategorie »least concern«, also »nicht gefährdet«, angehören. 158 der als »ausgelöscht« bezeichneten Arten breiten sich auf unserem Planeten sogar wieder aus!

Diese irreführende Darstellung ist einer unkorrekten Verwendung der Begriffe geschuldet: Statt von lokal ausgestorbenen Arten sprechen die Urheber der Studien von ausgestorbenen Arten. Zahlreiche falsche Informationen, die in der Öffentlichkeit verbreitet werden, sind auf diese unkorrekt verwendeten Begrifflichkeiten zurückzuführen. So titelte zum Beispiel eine Zeitschrift: »Wenn die Trockenheit anhält, könnte es sein, dass die Schmetterlinge in Großbritannien aussterben.« Eine »Information«, die einen dazu veranlasst, sich über den Zustand der Umwelt wahrlich Sorgen zu machen! In Wirklichkeit handelte es sich nur um eine Falterart in bestimmten Regionen Großbritanniens, die jedoch in den meisten Teilen Eurasiens weit verbreitet ist[4].

Laut den Autoren dieser Untersuchung über den fälschlichen Gebrauch der Bezeichnung »ausgestorben« ist dieses Phänomen hauptsächlich der »Kommerzialisierung der Forschung« geschuldet, die zahlreiche Wissenschaftler dazu verleitet, die Aufmerksamkeit der Medien zu erlangen, weil sie auf Forschungsgelder und auf Veröffentlichungen in angesehenen wissenschaftlichen Zeitschriften schielen.

Eine schwarzmalende Beschreibung der Welt beruht auf einem dreifachen Irrtum: kognitiv, emotional und ... kommerziell:

- *kognitiv*: die Annahme, dass, je mehr Informationen man liefert, desto mehr Menschen man für dieses Thema sensibilisieren kann;
- *emotional*: die Annahme, je mehr dramatische Informationen man liefert, desto mehr werden sich die Menschen engagieren;
- *kommerziell*: die Annahme, dass sich schlechte Nachrichten besser verkaufen als gute.

Die ersten beiden Punkte behandle ich in diesem Kapitel. Was den dritten betrifft, so verweise ich auf den Anhang meines Buchs *La Bonté Humaine*[5] (»Die menschliche Güte«).

1. DIE UNTERGANGSPROPHETEN FÜHREN UNS NICHT SELTEN IN DIE IRRE

Morde und Plünderungen, die es nie gegeben hat

Der Drang, den Zustand der Welt zu dramatisieren, verleitet manch einen nicht nur zu irrtümlichen Interpretationen, sondern auch zu regelrechten Lügen. Eines der eindrucksvollsten Beispiele hierfür ist die mediale Berichterstattung über den Hurrikan Katrina, der 2005 an der Küste Lousianas wütete und insbesondere in New Orleans zu gigantischen Überschwemmungen führte. In den Wochen nach der Katastrophe berichteten die Journalisten einhellig über den Anstieg der Kriminalität, der in der Folge zu beobachten gewesen sei: Diebstähle, Plünderungen, Schusswechsel etc., und sogar der Ausdruck »Kriegszone« fiel in diesem Zusammenhang häufig. Nur, dass all das gar nicht stimmte, wie ich bereits in einem früheren Buch dargelegt habe.[6] Es gab keine bewaffneten Banden, die ihr Unwesen trieben, und die einzigen Geschäfte, in die eingebrochen wurde, waren Lebensmittel- oder Bekleidungsläden – aber keine Schmuckgeschäfte, wie oftmals berichtet –, nachvollziehbar, wenn man bedenkt, dass einige Menschen durch diese Katastrophe ihr ganzes Hab und Gut verloren hatten. Sollten ein paar der Journalisten daraufhin ein Schuldbekenntnis abgelegt haben, so fiel es gewiss wesentlich kürzer aus als ihre Beschreibungen der angeblichen Plünderungen.

Der angebliche Rückgang der Großzügigkeit

2013 veröffentlichte die Gesellschaft Recherches & Solidarités ihren 18. Jahresbericht zur »Großzügigkeit der Franzosen«[7]. Demzufolge ist das Spendenniveau wie schon in den Vorjahren gestiegen. Sicher, der Anstieg fiel weniger stark aus als in den Vorjahren, was die Medien offenbar zu dem falschen Schluss veranlasste, dass »die Großzügigkeit der Franzosen bröckelt«[8] oder »die Spendensummen sinken«[9]. In diesen beiden Fällen kann es sich nicht um einen Verständnisfehler handeln, denn der Artikel erklärt genau die Gründe für die Abweichungen gegenüber den Vorjahren. Daher kann diese Verzerrung der Fakten nur damit erklärt werden, dass die Autoren die Situation in den schwärzesten Farben darstellen wollten.

Die weltweiten Fortschritte werden gern unterschätzt

Im Jahr 2000 haben sich die Vereinten Nationen ein recht ambitioniertes Ziel für verschiedene Bereiche der weltweiten Entwicklung (Armut, Hunger, Umwelt etc.) gesetzt und 2015 eine Zwischenbilanz gezogen. Dabei stellte sich heraus, dass einige bemerkenswerte Fortschritte gemacht wurden. Sofern die Medien den Bericht von 2015 und die Entwicklungen in jüngster Zeit überhaupt zur Kenntnis nahmen, überschrieben sie ihre Artikel vor allem mit den verfehlten Zielen und ließen die Fortschritte darin außen vor. Und zwar mit Formulierungen wie »Man könnte mehr tun«,[10] »Ziele verfehlt«,[11] »Es muss noch so viel getan werden«,[12] »Mit Versprechungen rettet man die Welt nicht«[13] oder »Immer mehr Arme in den am wenigsten entwickelten Ländern«.[14] Dabei ist, wie im vorigen Beispiel, der Gehalt ihrer Artikel im Großen und Ganzen sehr viel nuancierter und entspricht mehr der Wirklichkeit, als die Überschriften es suggerieren. Folglich steckt ganz klar die Absicht dahinter, den Zustand der Welt in den düstersten Farben zu schildern.

Hätten die Verantwortlichen bei der UNO lieber bescheidenere Ziele aufstellen sollen, um sicher zu sein, sie auch zu erreichen und somit Lob einzuheimsen? Nein, denn dann hätten die Medien bestimmt ihr Augenmerk auf die Tatsache gerichtet, dass die Ziele wenig ambitioniert waren. Meiner Meinung nach hat die UNO gut daran getan, sich so hohe und energische Ziele zu setzen.

Eine einseitige Sicht der Welt

Die Untergangspropheten neigen dazu, sich nur für die düstersten Aspekte zu interessieren, was den Zustand der Erde betrifft. Sehen wir uns ein Beispiel an: In ihrem Buch *Comment tout peut s'effondrer*[15] (»Wie alles einstürzen kann«) bedienen sich Pablo Servigne und Raphael Stevens einer Reihe von Kurvendiagrammen, die sie bereits an anderer Stelle[16] präsentierten und die den exponentiellen Anstieg gewisser Umweltprobleme darstellen: die CO_2-Konzentration, die Versäuerung der Meere, die Zerstörung der Biosphäre etc. Durch die gebündelte Darstellung dieser Diagramme wollten die Autoren eine unaufhaltsam in Richtung Untergang weisende Abwärtskurve aufzeigen. Doch dieser Eindruck ist irreführend, und zwar aus drei Gründen:

- einige Kurven beziehen sich auf Phänomene, an denen sich, jedenfalls nicht direkt, kein drohender Untergang ablesen lässt, wie zum Beispiel der Absatz von Telefonen, die Entwicklung ausländischer Investitionen, des internationalen Tourismus;
- einige Phänomene haben sich bereits stabilisiert oder aber sind seit mehreren Jahren rückläufig

(der Bau großer Staudämme, Methanausstoß, Ozonloch, Quantität der gefangenen Meeresfische); etwas, das offensichtlich wird, wenn man die einzelnen Kurven näher betrachtet, was die Autoren jedoch nicht zum Ausdruck bringen. Stattdessen sprechen sie dreist von einer »totalen Beschleunigung«, was ziemlich gewagt ist …

- zahlreiche andere Entwicklungen sind positiv, negative Phänomene nehmen ab, manchmal in recht schnellem Tempo, und das soll unter anderem in diesem Buch zur Sprache kommen.

Dabei zeige ich die Entwicklung der Sachlage in verschiedenen Schlüsselbereichen der Menschheit und des Zustands der Natur auf. Auch wenn diese Entwicklungen oft positiv sind, benenne ich Gründe, die es nahelegen, wachsam zu bleiben. Eine einseitig positive Betrachtungsweise wäre ebenso verhängnisvoll wie eine einseitig negative.

Ich hätte dem Buch noch einige Kapitel hinzufügen können, um noch weitere positive Entwicklungen zu beschreiben: die Verbesserung der hygienischen Bedingungen, der Anstieg der Lebenserwartung, der starke Rückgang der Tuberkulose, die Ausrottung von Lepra, Polio, Onchozerkose in nicht allzu ferner Zukunft, die Entgiftung des Wassers in den Ländern der Ersten Welt (es ist nicht mehr riskant, aufgrund chemischer Verschmutzung in Flüssen wie der Seine oder dem Rhein zu baden, die einmal extrem belastet waren), der Rückgang der Arbeitsunfälle (einige halten sogar eine »Vision Zero« für möglich, so sicher gestaltete Arbeitsplätze, dass lebensbedrohliche Verletzungen ausgeschlossen sind). Lichtblicke am Horizont gibt es auch in anderen Problemfeldern wie der fortschreitenden Wüstenbildung, dem Einsatz von Pestiziden und, wie bereits angeführt, der Überfischung.

Der Mythos des Untergangs

Besonders ein Thema scheint es in den letzten Jahren den Untergangspropheten angetan zu haben, nämlich der »Untergang unserer Zivilisation«, wie zahlreiche Bücher und Artikel zeigen[17]. Werfen wir einen Blick auf die beiden Dokumente, die die höchste mediale Aufmerksamkeit zu diesem Thema hervorgerufen haben.

2005 veröffentlichte der Biologe und Geograf Jared Diamond sein Buch *Kollaps: Warum Gesellschaften überleben oder untergehen*[18]; darin legt er verschiedene Ursachen für den Untergang oder die Schwächung bestimmter Kulturen wie der der Inkas, der Einwohner der Osterinsel, der Wikinger, der indianischen Anasazi etc. dar. In den meisten Fällen sind diese Ursachen Umweltschäden, Klimaveränderungen, feindliche Nachbarn, Abhängigkeitsverhältnisse mit Handelspartnern, und die Art und Weise, wie die jeweilige Kultur auf diese Probleme reagierte. Dieses Buch wurde ein internationaler Bestseller und ist eine beliebte Quelle für andere schwarzmalende Autoren, die in der Umweltschädigung die Hauptursache des Untergangs einer Zivilisation sehen.

Dieses Buch ist jedoch nicht unumstritten[19]. Ein anderes Werk mit dem Titel *Questioning Collaps*[20] (»Fragen zum Untergang«), herausgegeben von einem Kollektiv aus Historikern, Anthropologen und Archäologen, beleuchtet wesentlich genauer die Ursachen für das Verschwinden der von Diamond angeführten Gesellschaften. Patricia McAnany und Norman Yoffee, die das Werk koordinierten, kommen, nachdem sie diese Gesellschaften einer genauen Betrachtung unterzogen haben, zu dem Schluss, »dass die Menschheit im Lauf ihrer Geschichte vor allem dazu geneigt hat, zu überleben und sich zu regenerieren. Immer wieder hat es Krisen gegeben, die politischen Gegebenheiten haben sich geändert, ebenso die Landschaften, aber nur selten sind Gesellschaften untergegangen, jedenfalls nicht auf absolute und apokalyptische Weise. Sogar jene Beispiele für untergegangene Kulturen, die von den Medien immer wieder angeführt werden – die Rapa Nui auf der Osterinsel, die Einwohner von Grönland im Mittelalter, die Puebloindianer, die Mayas – sind nach eingehender Betrachtung Beispiele für soziale Resilienz«.[21] Den Autoren zufolge ist die Resilienz eher die Regel als die Ausnahme, wenn eine Gesellschaft mit extremen Problemen zu kämpfen hat.

Das sinnbildhafteste Beispiel für eine untergegangene Kultur dürfte die der Osterinsel sein. Diamond bekräftigt, dass deren Einwohner einen »Ökozid« begangen hätten, indem sie ihren Wald abholzten, was zu ihrer eigenen Zerstörung führte. Dies sei das »offenkundigste Beispiel für eine Gesellschaft, die ihre eigene Zerstörung beförderte, indem sie ihre Ressourcen übermäßig ausbeutete«.[22] Und warnt sogleich: »Die Parallelen, die man zwischen der Osterinsel und der Gesamtheit der modernen Welt ziehen kann, sind von dramatischer Offenkundigkeit. [...] Daher ist der Untergang der Kultur der Osterinsel wie eine Metapher, ein Worst-Case-Szenario, eine Schreckensvision dessen, was uns vielleicht blüht«.[23]

Erry Hundt und Cart Lipo, Anthropologe respektive Archäologe, analysieren ebenfalls die in dem eben zitierten Buch beschriebene Situation[24]. Die von ihnen und anderen Forschern durchgeführten Ausgrabungen haben es erlaubt, verschiedene Ereignisse zu datieren, aufgrund derer sie zu einem ganz anderen Schluss kommen als Diamond: Nicht die Abholzung sei die Ursache des Bevölkerungsuntergangs gewesen, außerdem beschreibe der Begriff Genozid die Ereignisse besser als das Wort Ökozid. Folgendes hatte sich ereignet: Die ersten Ankömmlinge auf der Insel brachten Ratten mit, die auf der Insel keine natürlichen Feinde hatten. Diese Tiere verursachten die Zerstörung der Wälder, indem sie die auf die Erde gefallenen Samen der Bäume fraßen. Die dadurch bewirkte Abholzung dauerte mindestens 400 Jahre, bis sie abgeschlossen war (sie fand ungefähr zwischen 1250 und 1650 statt). Die Einwohner der Insel erlitten also durchaus eine ökologische Katastrophe, aber nicht aufgrund eines Ökozids, wie es Diamond behauptet. Und selbst während der Wald allmählich zerstört wurde, entwickelten sich die dort beheimateten Menschen weiter.

Überdies bestreiten Hund und Lipo Diamonds Behauptung, der Untergang der Inselbevölkerung habe sich vor der Ankunft der Europäer ereignet. Erst nach deren Ankunft habe er eingesetzt, und zwar aufgrund der Gewalt, die die Eindringlinge gegenüber den Bewohnern ausübten, und höchstwahrscheinlich auch aufgrund der mitgebrachten Krankheitserreger, die diese dezimierten.

Meines Wissens hat Diamond lediglich mit einer recht kurzen Erwiderung auf einige der zahlreichen Kritiken reagiert, die sein Buch hervorrief, und die darin enthaltenen Argumente wurden abermals von den Autoren des Buchs *Questioning Collapse* zurückgewiesen.[25]

Die Bilanz dieses Schlagabtauschs liegt damit auf der Hand: Diamonds Buch war Gegenstand eines Medienrummels und wurde zu einem weltweiten Bestseller, obwohl dessen Inhalt heute von den angesehensten Experten als widerlegt gilt.

Wenden wir uns einem anderen ebenfalls von den Medien hochgespielten Fall zum Thema Untergang unserer Zivilisation zu. Im März 2014 verbreiteten die Massenmedien auf der ganzen Welt eine schockierende Nachricht: Die NASA sagt den unausweichlichen Kollaps unserer Zivilisation voraus.[26] Dass man sich dabei auf diese große amerikanische Behörde bezog, verlieh der Behauptung offensichtlich noch größeres Gewicht. Doch bereits am folgenden Tag dementierte die NASA: Diese Studie sei weder »von der NASA in Auftrag gegeben noch von ihr durchgeführt oder analysiert worden. [...] Die in dem genannten Artikel geäußerten Meinungen und Schlussfolgerungen seien ausschließlich die seines Autors. Die NASA bewerte weder den Artikel noch die darin gezogenen Schlussfolgerungen«.[27]

Was war geschehen?

Safa Motesharrei, ein junger Mathematiker von der Universität Maryland, und zwei seiner Kollegen, der eine Politologe, der andere Klimaforscher, verfassten zusammen einen wissenschaftlichen Artikel, mit dem Ziel, gemeinsame Ursachen für die verschiedenen Fälle von untergegangenen Gesellschaften aufzudecken, abgesehen von speziellen Faktoren, die in dem einen oder anderen Fall die Entwicklung beschleunigten. Dabei kommen sie zu dem Schluss, dass unsere Zivilisation aufgrund des Raubbaus an lebenswichtigen Ressourcen und/oder sozialer Ungleichheit unterzugehen droht. Die einzige Möglichkeit, dieser Katastrophe zu entkommen, sei, beide Prozesse aufzuhalten. Diese Arbeit war wiederum Gegenstand eines Artikels in einer Wissenschaftszeitschrift.[28]

Noch während die Studie in Arbeit war, zog sie die Aufmerksamkeit von Nafeez Ahmed auf sich, einem Journalisten mit ausgeprägtem Hang zu Katastrophentheorien, der im *Guardian*[29] darüber berichtete. Die enthaltenen Botschaften verbreiteten sich in Windeseile auf der ganzen Welt. Nun ist der Artikel von Motesharrei und seinen Kollegen eine theoretische Arbeit voller Diagramme und Gleichungen, die sich auf keinerlei zeitgenössische Faktenlage stützen; »ein Computer, der Alarm schlägt«[30], wie der Journalist Keith Kloor es beschrieb. Als er zu einer Stellungnahme zu dem Medienrummel aufgefordert wurde, den seine Veröffentlichung hervorgerufen hatte, erklärte Motesharrei, sein mathematisches Modell sei ein »Gedankenexperiment« und eigne sich nicht dazu, spezifische Voraussagen zur Entwicklung einer Gesellschaft zu machen.[31]

Meines Wissens nach haben die verschiedenen Medien, die die Informationen über die genannte

Recherche wiedergaben, weder über das Dementi der NASA berichtet noch auf das Fehlen empirischer Fakten in der letztgenannten Studie hingewiesen.

Düstere Voraussagen, die sich nicht bewahrheitet haben

Im 12. Kapitel finden Sie zahlreiche Beispiele von irrtümlichen Voraussagen bezüglich der dramatischen Abnahme der biologischen Vielfalt. An dieser Stelle möchte ich mich auf den eklatanten Fall von Paul Ehrlich beschränken. Gäbe es einen Wettbewerb der Untergangspropheten, deren Vorhersagen von der Wirklichkeit widerlegt wurden, so gebührte dem amerikanischen Biologen unbestreitbar der erste Platz. Er gelangte zu weltweiter Berühmtheit mit seinem Buch *The Population Bomb*[32] – das er gemeinsam mit seiner Frau verfasste und in dem er gewaltige demografische, soziale und ökologische Katastrophen voraussagte. Schon in den ersten Zeilen zeigt sich der dramatisierende Duktus des Buchs: »Der Kampf um die Welternährung ist entschieden. In den siebziger Jahren werden gewaltige Hungersnöte die Menschheit heimsuchen. Hunderte Millionen Menschen werden trotz sofortiger Hilfsprogramme verhungern. Es ist bereits zu spät, eine drastische Zunahme der weltweiten Sterberate zu verhindern.«[33] Nun, die Bevölkerungsbombe ist nicht explodiert, wie ich im zweiten und fünften Kapitel aufzeigen werde, und die weltweite Hungersnot hat in den letzten Jahrzehnten erheblich abgenommen.

Bei einer 1969 in London abgehaltenen Pressekonferenz ging Paul Ehrlich noch einen großen Schritt weiter. Er erklärte, dass Großbritannien im Jahr 2000 nur noch eine verarmte Inselgruppe sein werde, mit einer Bevölkerung von 70 Millionen an Hunger leidenden Menschen, die sich nicht oder kaum um die restlichen Milliarden Menschen auf der schwerkranken Erde kümmern. »Wäre ich ein eingefleischter Spieler, würde ich sogar darauf wetten, dass es England im Jahr 2000 nicht mehr geben wird.«[34]

Nun, Paul Ehrlich gab später in der Tat eine ziemlich dumme Wette ab, die berühmt wurde.[35] 1980 schlägt ihm der Wirtschaftswissenschaftler Julian Simon, erbost nach seiner Lektüre von *Die Bevölkerungsbombe* und angestachelt von Ehrlichs Bemerkung, genau dies vor – eine Wette abzuschließen und zwar über die zukünftige Entwicklung der Rohstoffpreise. Ehrlich war überzeugt davon, dass der Preis in Anbetracht der zunehmenden Rohstoffknappheit steigen würde, während Simon das Gegenteil annahm. Die beiden einigten sich auf eine Auswahl von fünf Metallarten (Chrom, Nickel, Kupfer, Stahl und Wolfram) und auf 1990 als Stichdatum, freilich unter Berücksichtigung der Inflation. Ehrlich hatte gute Gründe anzunehmen, die Wette zu gewinnen: Der Preis dieser fünf Metalle war zwischen 1960 und 1975 tatsächlich gestiegen. Doch zum Stichdatum der Wette, im Jahr 1990, war der Preis aller fünf Metalle gesunken, und zwar um durchschnittlich 38%. Ehrlich gab sich geschlagen und stellte einen Scheck über tausend Dollar für Simon aus (200 Dollar pro Metall).

Eine Eigenschaft Ehrlichs und dessen Frau ist ihre chronische Unfähigkeit zur Selbstkritik. Ungefähr vierzig Jahre nach der Veröffentlichung von *Die Bevölkerungsbombe* zogen sie Bilanz[36] und kamen zu dem Schluss, ihr größter Fehler sei gewesen, zu optimistisch zu sein, weil sie damals noch nichts von der Klimaerwärmung und von den Gefahren durch die Abholzung der tropischen Regenwälder wussten. Stolz sind sie hingegen darauf, dass ihr Buch die von ihnen erhoffte Wirkung gehabt habe: Es habe die Menschen für die ökologischen Probleme sensibilisiert und die politischen Entscheidungsträger dazu gebracht, entsprechende Maßnahmen zu ergreifen, die darauf abzielen, die Geburtenraten nach und nach einzudämmen.

Eine ziemlich seltsame Schlussfolgerung. Hätten sich ihre Prophezeiungen bewahrheitet, hätten sie sich natürlich auf die Schultern geklopft. Aber auch nachdem sie auf ganzer Linie von der Wirklichkeit widerlegt wurden, verbuchen sie die Entwicklungen dennoch als Erfolg für sich. Sowohl was die Hungersnot als auch was die Bevölkerungsexplosion betrifft. Was Letzteres angeht, hat Ehrlich in *Die Bevölkerungsbombe* geschrieben, dass die Aufklärungsprogramme zur Geburtenkontrolle ineffizient seien, weil man es den Eltern überlasse, wie viele Kinder sie in die Welt setzen wollten[37], dabei sind genau diese Programme der Hauptgrund für den Geburtenrückgang, der sich seit einigen Jahren in zahlreichen Ländern der Welt beobachten lässt (siehe 5. Kapitel). In Bezug auf die Ernährungssituation auf der Erde prophezeit Ehrlich in *Die Bevölkerungsbombe* große Hungerkatastrophen und behauptet, es sei unmöglich, die Nahrungsmittelproduktion in dem Maße anzukurbeln, dass sie mit der Bevölkerungsentwicklung Schritt halten könne[38], dabei ist genau das Gegenteil eingetreten, die Steigerung der Nahrungsmittelproduktion übertrifft den Bevölkerungszuwachs.

Trotz seiner wiederholten Irrtümer hat die Stimme dieses Mannes noch immer viel Gewicht und wurde er mit einer erstaunlichen Anzahl Auszeichnungen geehrt. An späterer Stelle werde ich auf seine Person und seine gefährlichen politischen Behauptungen zurückkommen.

Soviel zu den Fehlschlüssen, zu denen sich einige Untergangspropheten haben hinreißen lassen. Abschließend noch zwei Hinweise: Im 17. Kapitel, das der Kriminalität gewidmet ist, zeige ich auf, wie unsere Sichtweise der Welt unbewusst von den Medien beeinflusst wird, die sie uns als weitaus gefährlicher und gewalttätiger wahrnehmen lassen, als sie in Wirklichkeit ist. Und im 16. Kapitel, wo es um Terrorismus geht, lege ich dar, wie sich unter Einfluss von Angst die Vernunft häufig verabschiedet und mit ihr unsere Fähigkeit einer objektiven Risikobewertung. Und wie Medien und die verantwortlichen Politiker, indem sie die Angst bewusst oder unbewusst noch schüren, den Terroristen in die Hände spielen.

2. DIE UNTERGANGSPROPHETEN LÄHMEN UNS

Es gibt zahlreiche Studien zur Effizienz von Gesundheitskampagnen, die auf Angstappellen beruhen. Im Rahmen einer statistischen Synthese wurden

98 Studien zu verschiedenen Themen (Benutzung von Präservativen zum Schutz vor Aids, Beendigung des Tabakkonsums, Reduzierung des Alkoholkonsums, sportliche Betätigung etc.) versammelt.[39] Dabei zeigte sich, dass, wenn nur sehr vorsichtig an die Angst der Menschen appelliert wird, diese kaum empfänglich sind für die betreffende Botschaft.

Dagegen führt einem ein starker Appell an die Angst (zum Beispiel »Rauchen tötet«) in der Regel die Schwere der Risiken drastisch vor Augen, aber auch das lässt die Menschen noch nicht die nötigen Schritte unternehmen. Es braucht ein weiteres Element, um sie zum Handeln zu bewegen: der starke Glaube an die eigene Kompetenz, daran, sein Verhalten entsprechend ändern zu können. Hat ein Mensch diesen starken Glauben, wird er auch versuchen, sein Verhalten zu ändern. Ist sein Glaube an die eigene Kompetenz hingegen schwach, was bei den meisten Menschen der Fall ist, auf die eine solche Kampagne abzielt, wird er versuchen, seine Angst durch verschiedene psychologische Selbstverteidigungsmechanismen zu kontrollieren. Zum Beispiel redet er sich ein: »Mir wird das schon nicht passieren«, »Das ist wirklich furchtbar, aber ich denke einfach nicht daran« oder »Die versuchen doch nur, mich zu manipulieren, ich ignoriere das einfach«. Je mehr jemand also psychologisch abblockt, umso weniger wird er sich bemühen, einer Empfehlung zu folgen, sodass diese am Ende womöglich sogar kontraproduktiv ist.

Untersuchungen zur Wirkung ökologischer Botschaften werden zwar seltener durchgeführt, gelangen jedoch zu den gleichen Ergebnissen.[40] Wenn man

Menschen mit Katastrophenmeldungen konfrontiert, ohne ihnen gleichzeitig Handlungsoptionen zu bieten, werden sie weiter in Untätigkeit verharren oder gar die Informationen zurückweisen. Das äußert sich zum Beispiel darin, dass sie sich gegenüber neuen Meldungen verschließen, eigene umweltschädliche Verhaltensweisen rechtfertigen oder, noch öfter, anderen die Schuld geben.

Wenn Botschaften nicht die erhoffte, sondern die gegenteilige Wirkung erzeugen

Ökologische Botschaften pflegen in der Regel vor allem bereits Überzeugte zu überzeugen. Zum Beispiel hat eine kürzlich erfolgte Untersuchung gezeigt, dass Menschen mit einer bereits vorhandenen ökologischen Sensibilität auf eine Information zur globalen Erwärmung mit dem Wunsch zum Handeln reagierten, während andere den Klimawandel leugneten oder herunterspielten. Diese Unterschiede traten allerdings nicht zutage, wenn die Botschaft so vermittelt wurde, dass die Individuen das Gefühl hatten, die Kontrolle über ihr Leben zu haben. Deshalb musste jeder Teilnehmer vor dem Experiment einen Fragebogen ausfüllen. Für eine Teilnehmergruppe waren die Fragen so gehalten, dass sie das Gefühl der eigenen Ohnmacht suggerierten, für die andere hingegen so, dass sie die Möglichkeit zum Handeln implizierten.

Bei einer Studie, an der 240 Amerikaner teilnahmen[41], kam heraus, dass wissenschaftliche Botschaften zur globalen Erwärmung bei den Anhängern der

Demokraten die Unterstützung einer Politik, die die diesbezüglichen Risiken senken möchte, erhöhen. Bei den Anhängern der Republikaner hatten sie indes den gegenteiligen Effekt, ausgerechnet bei denen, die es am meisten nötig hätten, für dieses Thema sensibilisiert zu werden! Die Autoren dieser Studie sprechen von einem »Bumerangeffekt« der wissenschaftlichen Kommunikation.

In einer in der Schweiz durchgeführten Studie haben Forscher einige Bürger in Gruppen versammelt, um über die Ursachen und Konsequenzen des Klimawandels zu diskutieren, wobei sie die Möglichkeit hatten, Fragen an Spezialisten zu stellen.[42] Die Teilnehmer zeigten sich alles in allem beunruhigt von den Konsequenzen einer Zukunft mit weiterhin hohem Energieverbrauch, und waren erleichtert, als sie hörten, dass eine Zukunft mit niedrigerem Energieverbrauch möglich sei. Allerdings machten sie auch klar, warum sie ihre Lebensweise beibehalten wollten, und kritisierten andere, darunter auch einige Regierungen, wegen ihrer Tatenlosigkeit und äußerten Zweifel hinsichtlich des Einflusses ihres eigenen Verhaltens, da ihnen die Auswirkungen des Klimawandels doch recht ungewiss und noch in weiter Ferne schienen.

Zwischen 2000 und 2004 führten zwei Forscherinnen vom Tyndall Centre for Climate Change Research im britischen Norwich eine Studie durch.[43] Sie baten die Teilnehmer zu beschreiben, was genau der Klimawandel bedeutet; diese erwähnten schmelzende Gletscher und Eisberge, steigende Meeresspiegel und die daraus resultierende Überflutung von Küstenregionen, extreme Hitzewellen, die Hungersnöte in

Afrika zur Folge haben, negative Auswirkungen auf die Gesundheit, Migration und das Aussterben von Tierarten etc. Manche beschworen regelrechte Weltuntergangsszenarien herauf und bedienten sich dabei Ausdrücken wie »Chaos« und »Tragödie« und Formulierungen wie: »Ich stelle mir vor, dass es dann zu einer Massenhysterie kommt« oder »Alles gerät dann außer Kontrolle […] Ziemlich beängstigend, wenn man sich das alles ausmalt. Wie das noch enden wird? Ich glaube nicht, dass ich dann noch auf der Welt sein möchte.« Ein Großteil der Teilnehmer fühlte sich beim Gedanken an den Klimawandel verängstigt, deprimiert und gestresst.

Sie waren überzeugt, dass der Mensch im Großen und Ganzen verantwortlich für den Klimawandel sei und dass diesbezüglich etwas getan werden müsse, »bevor es zu spät ist«.

Für sie war der Klimawandel ganz offensichtlich eines der großen Probleme unserer Zeit. Und dennoch: Während einige Menschen in den erschreckenden Bildern zu diesem Phänomen durchaus ein gutes Kommunikationswerkzeug sahen, lösten sie bei anderen neben dem Gefühl der Angst auch das des Fatalismus und der Ohnmacht gegenüber dem Klimawandel aus. Einer der Teilnehmer sagte zum Beispiel: »Klar, jeder von uns kann zu Fuß gehen, öfter den Wagen stehen lassen und seinen Müll trennen … Aber im Großen und Ganzen glaube ich nicht, dass der Einzelne genügend Macht hat, um viel zu ändern.«

Ferner wurden die Teilnehmer eingeladen, ihre Gefühle angesichts gewisser Bilder auszudrücken. Alarmierende Fotos (Fabrikschlote, ausgetrocknete

Seen, vom Hungertod bedrohte Kinder, Eisbären, Überschwemmungen, Temperaturkurven) erzeugen zum einen das Gefühl, dass der Klimawandel in der Tat ein drängendes Problem ist, und zum anderen den Eindruck, dass man als Einzelner machtlos ist. Des Weiteren meinten die Teilnehmer einhellig, dass diese Bilder so weit von ihrer eigenen Erfahrungswelt weg seien, dass sie sie nach dem ersten Schock schnell wieder vergessen würden.

Im Gegenzug stärkten positiv aufgeladene und motivierende Fotos (Fahrradfahrer, Häuser mit Solardächern, Windräder, Straßenbahnen etc.) den Glauben an die eigene Handlungskompetenz.

Die Autoren kommen zu dem Schluss, dass drastische Bilder zu den Folgen des Klimawandels zwar die Aufmerksamkeit von Menschen erlangen, den Einzelnen aber nicht dazu anregen, sich zu engagieren, sondern im Gegenteil bisweilen eine verleugnende, ablehnende Haltung hervorrufen.

Terror-Management-Theorie

Ein großer Zweig der sozialpsychologischen Forschung beschäftigt sich mit den Reaktionsmustern, die Menschen im Zusammenhang mit Todesangst entwickeln. Diese Theorie beruht auf der These, dass, wenn man Menschen mit dem Gedanken an den eigenen Tod konfrontiert, sie alles Mögliche unternehmen, um anderen erschreckenden Vorstellungen aus dem Weg zu gehen. In ungefähr 15 Ländern wurden mehrere hundert Studien mit diesem Forschungsansatz durchgeführt, zu Themen wie Umwelt, Terrorismus etc. Eine kommt zu dem Ergebnis, dass, wenn man Menschen behutsam an den eigenen Tod erinnert, dies bei ihnen materialistische Bestrebungen wie etwa den Wunsch nach einem höheren Gehalt, Luxusgegenständen, Kleidung oder nach mehr Freizeit auslöst[44], das heißt, genau das Gegenteil von dem, was Umweltaktivisten beabsichtigen!

Weniger ist mehr!

Viele Aktivisten, Journalisten und Umweltexperten glauben, sie müssten die Öffentlichkeit unermüdlich über die Gefahren, die unsere Welt bedrohen, beunruhigen. Das ist ein großer Irrtum, denn zu viele Informationen sind kontraproduktiv. Die Menschen sind es irgendwann leid, den lieben langen Tag schlechte Nachrichten zu hören oder zu lesen. Das ideale Maß an Informationen liegt also irgendwo in dem Bereich »weder zu viel noch zu wenig«.

Erstmals haben Kommunikationswissenschaftler dieses Phänomen erkannt, als sie die Auswirkung von Stress auf Angehörige von Heilberufen untersuchten. Sie stellten fest, dass Krankenschwestern in besonders bedrückenden Situationen – insbesondere, wenn sie sich um Patienten im Endstadium ihrer Krankheit kümmerten – dazu neigten, so gut es ging zu vermeiden, das Zimmer dieser Patienten zu betreten. Sie verspürten eine »Mitleidsmüdigkeit«, die sich in einem emotionalen Burnout und einem gewissen Gefühl der Abgestumpftheit äußerte.

Die Studie der Kommunikationswissenschaftler beschäftigt sich mit fünf Problembereichen: Aids, Obdachlosigkeit, Gewaltverbrechen und der Misshandlung von Kindern.[45] Nachdem 316 Personen befragt wurden, zeigt die Studie, dass ein erheblicher Teil es müde ist, mit diesen Themen konfrontiert zu werden, und sich ohnmächtig fühlt. In Bezug auf Kriminalität bekräftigten dies 40% der Teilnehmer, bei Aids 35%, beim Thema Obdachlosigkeit 33% und dem Gebiet der Kindesmisshandlung 15%.

Ein Drittel der Befragten erklärte, diese Nachrichten seien für sie so erschütternd, dass sie sogar physisch darauf reagierten, zum Beispiel durch Schlafprobleme, Appetitlosigkeit, Magenschmerzen, Angstgefühle, Depression, Albträume und Kopfschmerzen. Mit dem Ergebnis, dass sie sich vor diesen Problemen verschließen: Laut dieser Studie bringen Menschen, die unter Burnout leiden, gegenüber den genannten Problemen weniger Interesse auf, wünschen sich weniger Informationen darüber und fühlen sich nicht so emotional betroffen. Sie beschließen, den Fernseher umzuschalten oder ganz auszumachen, die Zeitung wegzulegen, sich aus dem Internet auszuloggen, die Lautstärke herunterzudrehen, bei der Programmauswahl selektiver zu sein etc. Fast die Hälfte der Befragten gibt an, die eine oder andere der genannten Verhaltensweisen an den Tag zu legen, um nicht mit den Themen konfrontiert zu werden, die sie am meisten bedrücken. Bei einigen führte es sogar zu einer totalen Ablehnung der Medien, sie verzichteten ganz auf Fernsehnachrichten und kündigten ihr Zeitungsabonnement.

Die Autoren der Studie kommen zu dem Schluss, dass ein Übermaß an Informationen zu den großen Problemen unserer Zeit, ohne dass gleichzeitig Lösungen aufgezeigt werden, bei den Menschen die gegenteilige Wirkung hervorrufen kann.

Ein weiterer Beleg für den Spruch »Weniger ist mehr«: Eine an mehr als 1.000 Personen durchgeführte Untersuchung zeigt, dass jene, die sich in Bezug auf den Klimawandel für besonders gut informiert halten, gleichzeitig weniger besorgt sind und sich weniger in der Verantwortung sehen, etwas zu unternehmen.[46] Das Gleiche gilt für jene, die volles Vertrauen in die Erkenntnisse der Wissenschaftler in Bezug auf den Klimawandel haben.

Ihr Experten und Journalisten, gebt uns mehr ermutigende Nachrichten, bitte!

Die Naturschutzexperten diskutieren bisweilen darüber, welches die beste Kommunikationsstrategie ist – eine schwarzmalende oder eine Hoffnung machende –, um ihrem Anliegen Gehör zu verschaffen. Einer der Ersten, der diese Diskussion anstieß, war Erik Beever im Jahr 2000, der auf den Gebieten Ökologie und Naturschutzbiologie an der Universität von Nevada forscht.[47] Ihm zufolge sollten die Biologen nicht nur auf die ökologischen Herausforderungen hinweisen, sondern auch eine optimistische Haltung einnehmen, um die Entscheidungsträger und die breite Öffentlichkeit mit Argumenten zu überzeugen, die Anlass zur Hoffnung geben. Wenn wir das nicht tun, fuhr er fort, stoßen unsere Aktionen auf Widerstand und wir drohen, ins Abseits gedrängt zu werden. Um seine These zu stützen, zitiert er verschiedene psychologische Studien, die zeigen, dass Menschen, die eine positive Sichtweise der Welt haben, effizienter sind als jene mit einer negativen Haltung. Dabei redet er nicht einem naiven, ignoranten Optimismus das Wort, der blind gegenüber Umweltproblemen ist, sondern erklärt, »das Problem ist die Ignoranz, nicht der Optimismus«.

Einige Jahre später erinnern zwei andere Naturschutzbiologen daran, dass ihre Disziplin gute zwanzig Jahre zuvor von visionären Forschern gegründet wurde, und zwar aus einem Gefühl der Hoffnungslosigkeit heraus. Doch die damals benutzten Schlagworte (»die sechste Auslöschung«, »das Ende der Natur« etc.), die ihnen damals notwendig erschienen, seien heute eher hinderlich bei der Durchsetzung ihrer Anliegen.[48]

Sie sind der Ansicht, dass diese Formulierungen nicht dazu beigetragen hätten, die Natur zu schützen. »Trotz unserer großen Anstrengungen, für unser Anliegen in der breiten Öffentlichkeit Gehör zu finden, leidet die Welt unter Krisenmüdigkeit«, das heißt, die Menschen sind übersättigt, was das Thema der bedrohten Artenvielfalt betrifft.

»Um ernsthaft damit zu beginnen, die von uns festgemachten Probleme zu lösen, müssen wir lernen, realisierbare Lösungen zu bieten, unseren Erfolg zu messen und die Unterstützung der gesellschaftlichen und ökonomischen Kräfte zu erlangen, die mächtiger sind als wir. Wir müssen bei unserem Engagement eine inspirierende Haltung an den Tag legen und keine vorwurfsvolle. Am wichtigsten ist es, dass wir den Menschen Mittel an die Hand geben, sich eine positive und realisierbare Zukunftsvision anzueignen – eine Vision, die präzise aufzeigt, wie die Welt für ihre Kinder und alle Kinder, die künftig geboren werden, aussehen soll. [...] Wir müssen eine Welt der Allianzen, basierend auf dieser positiven Vision, schaffen. [...] Wir müssen uns als Praktiker einer visionären Wissenschaft neu definieren, die auf der Überzeugung gründet, dass wir eine Welt erschaffen können, in der die Menschheit im Zusammenschluss mit einer wiedererblühenden Natur gedeihen kann.«

In jüngerer Zeit beklagen zwei andere Naturwissenschaftler »eine Kultur der permanenten Hoffnungslosigkeit« bei ihren Kollegen, eine Kultur, die »unserem Anliegen, die breite Öffentlichkeit in Sachen Naturschutz zum Handeln zu bewegen, hinderlich ist«.[49] Sie stellen fest, dass es in »unseren Reihen ausschließlich pessimistische Wissenschaftler gibt, die anscheinend zufrieden damit sind, sich über die Dummheit der Menschheit zu beklagen, die auf dem bestem Weg der Selbstzerstörung ist. [...] Unsere Disziplin ist zweifelsohne zu einer der deprimierendsten geworden«. Aber »wenn wir Biologen pessimistisch sind, wer wird dann die Massen dazu bewegen können, uns in unserer Anstrengung, die Natur vor der Menschheit zu retten, zu folgen?«

Um ihre These zu stützen, führen sie psychologische Forschungsergebnisse an, die zeigen, dass, wenn wir Menschen darauf bauen, dass wir mit unserem Handeln in Zukunft Erfolg haben werden, dies uns zu größeren Anstrengungen anspornt. Daher schlagen sie ihren Kollegen vor, in ihren naturwissenschaftlichen Artikeln nicht nur die Schwierigkeiten, sondern auch Gründe zur Hoffnung aufzuzeigen.

Richard Knight, Universitätsprofessor für Umweltschutz, hat festgestellt, dass, sobald Dozenten seiner Disziplin ihren Studenten die drängendsten Umweltprobleme unserer Zeit zu beschreiben beginnen, diese ihnen nicht länger zuhören, sondern sich ihren Smartphones zuwenden.[50] Die Studenten fühlten sich entmutigt und wüssten nicht, wie sie auf die riesigen Herausforderungen reagieren sollten, die auf sie warteten. Die gute Nachricht aber sei, fährt Knight fort, auch wenn sie nicht wüssten, wie sie die Welt retten sollen, so wüssten sie durchaus, wie man ein Feuchtgebiet schützt. Und es könnte sein, dass je mehr Feuchtgebiete bewahrt würden, dies nach und nach auch den Zustand der Erde und das Wohlbefinden seiner Bewohner verbessern könnte.

In diesem Sinn haben auch die humanitären Hilfsorganisationen ihren Ansatz geändert: In den letzten Jahrzehnten sind sie von einer zutiefst schwarzmalenden Darstellung der Situation in der Dritten Welt zu einer positiveren Sichtweise übergegangen. Gleichermaßen ist man in der Werbebranche davon überzeugt, dass die bei einer negativen Herangehensweise vermittelten Angstgefühle genau die gegenteilige Wirkung erzielen können.

Doch was ist nun wirklich die beste Strategie? Genau diese Frage versuchten zwei kanadische Forscher zu beantworten. Im Rahmen ihrer Studie starteten sie einen Spendenaufruf an die 45.855 regelmäßigen Spender von *Vison mondiale*, einer kanadischen Hilfsorganisation. Sie teilten die Spender in drei Gruppen ein und befragten sie unter verschiedenen Modalitäten: Ein Teil erhielt einen Text mit einem positiv aufgeladenen Foto (ein afrikanisches Kind, das gesund aussah und lächelte), die zweite Gruppe einen Text mit einem negativ aufgeladenen Foto (ebenfalls ein afrikanisches Kind, aber eins, das stark abgemagert war), und die Teilnehmer der letzten Gruppe schließlich einen Text ohne Foto.[51] Der Brief mit dem negativ aufgeladenen Foto erzielte die geringste Rücklaufrate mit den niedrigsten Spendenbeträgen; der Brief ohne Foto bewirkte eine geringfügig höhere Rücklaufrate, doch die höchste Spendenbereitschaft erzielte der Brief mit dem positiv aufgeladenen Foto, der somit nicht unerheblich zu einer deutlich höheren Gesamtsumme beitrug.

Kehren wir anhand folgenden Beispiels zu der positiven Rolle zurück, die die Medien spielen können. Als Cathrine Gyldensted, eine dänische Journalistin und Begründerin des »konstruktiven Journalismus«, gefragt wurde: »Wie sind sie zu dieser Art des Journalismus gelangt?«, antwortete sie:

»Es begann mit einem Aha-Moment in den Vereinigten Staaten, als ich eines Tages eine obdachlose Frau am Eingang zu einer ›Tafel‹-Einrichtung interviewte. Neben gängigen Fragen erkundigte ich mich, was diese Erfahrung sie lehre und wie sie es schaffe, angesichts ihrer Lage diese psychische Widerstandskraft aufzubringen. Das, was dann folgte, hat mich verändert. Ihre Antworten waren völlig anders als die, die ich normalerweise bekam. Weil nämlich meine Fragen anders waren. Da wurde mir bewusst, dass ich all die Jahre über die Menschen unwillentlich auf ihren ›Opfer‹-Status eingegrenzt hatte, und zwar durch die Art meiner Interviewführung. Und so bin ich zum konstruktiven Journalismus gekommen!«[52]

Cathrine Gyldensted studierte daraufhin Positive Psychologie an der University of Pennsylvania und verfasste eine Abschlussarbeit mit dem Thema »Innovative Pressearbeit mithilfe der Positiven Psychologie«.

3. DIE UNTERGANGSPROPHETEN KÖNNEN ZU EINER AUTORITÄREN POLITIK VERLEITEN

Der dritte Grund, nicht allzu sehr auf die Untergangspropheten zu hören, scheint mir der ausschlaggebende zu sein.

Zahlreiche Studien zeigen, dass in Perioden großer gesellschaftlicher Ängste die Menschen dazu tendieren, sich einer Autorität unterzuordnen.[53] Bestimmte Individuen sind dann bereit, auf gewisse Freiheiten zu verzichten, zugunsten des Gefühls der Sicherheit, die eine bevormundende Autorität ihnen vermittelt.[54]

Nach Recherchen in den einschlägigen Archiven haben Forscher herausgefunden, dass in Zeiten großer Bedrohungen (1930er-Jahre und die Jahre zwischen 1967 bis 1970) die Neigung in der Bevölkerung, sich einer autoritären Persönlichkeit zuzuwenden, stieg, im Gegensatz zu Perioden mit geringeren Bedrohungen (1920er-Jahre und die Zeit zwischen 1959 und 1964).[55] Der Autor dieser Untersuchung kommt zu dem Schluss, dass die Bedrohung eine Ursache autoritärer Strömungen in der Bevölkerung ist. Und noch etwas stellte er fest: In den Vereinigten Staaten profitieren in Krisenzeiten Kirchen mit autoritären Tendenzen von steigenden Konvertitenzahlen, während in Zeiten geringerer Bedrohung nicht autoritäre Kirchen einen Zustrom verzeichnen.[56]

Wie die Angst den Interessen der Politiker dient

Diesen Umstand machen sich gern demagogische Politiker zunutze, die verstanden haben, dass es ihren Interessen dient, immer wieder zu betonen, wie gefährlich die Welt ist, in der wir leben. Ein Autor spricht gar von einer »Industrie der Angst vor Kriminalität«.[57]

Die Attentate auf das World Trade Center waren Anlass für verschiedene Studien zu diesem Thema. Nach dieser Tragödie zeigten selbst Menschen, die normalerweise nicht sonderlich ängstlich sind, eine solche Haltung.[58] Eine weitere Untersuchung im Zeitraum zwischen Februar 2001 und Mai 2004 brachte zutage, dass, wenn die Regierung Nachrichten über die Risiken weiterer Terroranschläge verbreiten ließ, dies unweigerlich zu mehr Zustimmung zu Präsident G.W. Bush in der Bevölkerung führte.[59] Mehr noch, in Kapitel 16 werden wir sehen, dass die Reaktionen auf die Attentate, die von Angst und Kriegsgeheul befeuert werden, eine viel größere Bedrohung darstellen als die Attentate selbst.

Die verantwortlichen Politiker, die sich weigern, sich dieser Strategie der Angst zu bedienen, geraten in der Regel ins Kreuzfeuer ihrer politischen Gegner; es ist wesentlich riskanter, die Risiken der öffentlichen Meinung objektiv darzustellen, als sie zu übertreiben. Bruno Frey von der Universität Zürich weist im Zusammenhang mit Terrorismus darauf hin, dass eine Politik der militärischen Abschreckung als Zeichen von Mut, Ehre und Männlichkeit wahrgenommen wird, was Demagogen dazu verführt, sie zu propagieren.[60] Umgekehrt drohen Versuche, Konflikte diplomatisch zu lösen, als Schwäche und Mangel an Entschlossenheit ausgelegt zu werden. Obwohl Verhandlungen oft ein wesentlich wirksameres Mittel sind als Kriege, wenn es um die Bewältigung internationaler Probleme geht.[61]

Die Angst erweckt die Sehnsucht nach rächenden Helden

Weiter vorn habe ich bereits die »Terror-Management-Theorie« gestreift. Untersuchungen auf dem Gebiet der Sozialpolitik zeigen, dass, wenn Menschen an ihren eigenen Tod denken, dies ihr Nationalgefühl steigert und sie eine feindlichere Haltung gegenüber Ausländern einnehmen lässt. Mit dem eigenen Tod konfrontiert, sind Menschen mehr als sonst geneigt, autoritären Politikern zu folgen, und weisen eine gewisse emotionale Unsicherheit auf.[62]

Wie man sich vorstellen kann, widmen sich Forscher, die dieses Phänomen untersuchen, auch ausgiebig dem Thema Terrorismus.[63] Und natürlich werden die Bewohner eines Landes, das von einem Terroranschlag heimgesucht wird, automatisch mit ihrer eigenen Sterblichkeit konfrontiert. Eine typische Reaktion ist dann der Wunsch nach Rache und heroischem Handeln (oder jedenfalls einem als heroisch wahrgenommenen); manche Menschen erliegen gar einer fatalen Anziehungskraft des Todes[64]. Die verantwortlichen Politiker halten daher gern eine Kultur der Angst aufrecht (siehe Kapitel 16). Nach den Attentaten vom 11. September 2001 handelte George W. Bush perfekt nach diesem Muster. Tatsächlich steigerte es laut einer Studie bei Testpersonen (sowohl männlichen als auch weiblichen) die Zustimmung für Bush, wenn man sie mit dem Gedanken an den eigenen Tod konfrontierte, und zwar auch noch zu einer Zeit, als dessen Popularitätswerte bereits abnahmen.[65]

Die Autoren einer Zusammenschau der einschlägigen Untersuchungen zur Politik der Angst kommen zu dem Schluss, dass diese »ein wahrhafter Feind der Freiheit«[66] ist.

Jede Epoche generiert ihre eigenen Ängste: heute der Terrorismus, gestern der saure Regen, das Wettrüsten oder die Bevölkerungsexplosion und die daraus angeblich resultierenden Hungersnöte. Hin und wieder verbunden mit von Experten vorgeschlagenen albtraumhaften Abhilfen, wie wir noch sehen werden.

Ein Szenario wie in den düstersten Science-Fiction-Filmen

1967 veröffentlichten die Brüder William und Paul Paddock einen Bestseller mit dem Titel *Famine 1975! America's Decision: Who Will Survive?*[67] Sie gehen von mehreren Thesen aus. Einerseits werden die unterentwickelten Länder (so lautete damals der verwendete Begriff) eine Bevölkerungsexplosion erleben, während ihre Landwirtschaft hingegen keine Fortschritte macht. Daher werden sie, so die Prophezeiung der Autoren, ungefähr von 1975 an von einer Hungersnot heimgesucht werden und nicht über die Mittel verfügen, im großen Stil Nahrungsmittel für ihre Bevölkerung zu importieren. Die Vereinigten Staaten, die große Mengen Nahrungsmittel in diese Länder exportieren, werden ihre einzige Hoffnung sein. Aber die amerikanische Produktion wird nicht ausreichen, um den Mangel in den unterentwickelten Ländern auszugleichen. Also müssen die USA mittels einer Art Manchester-Triage-Systems entscheiden, welche Länder sie mit Nahrungsmitteln versorgen und welchen sie diese verweigern.

Der Verfasser einer daraufhin in der Zeitschrift *Science* erschienenen Rezension des Buchs singt ein Loblied auf die Weitsicht der Brüder Paddock.[68] Zunächst hebt er deren hohe Professionalität hervor und bekräftigt, alle ernst zu nehmenden Forscher, die sich mit der hoffnungslosen Situation der unterentwickelten Länder beschäftigten, seien einhellig der Auffassung, dass eine Hungersnot unvermeidbar sei. Die von den Brüdern Paddock vorgeschlagene Lösung sei deshalb, »so kaltblütig sie auch klingen mag, überaus realistisch«.

Auch Paul Ehrlich, von dem bereits die Rede war, rezensierte dieses Werk. In seinem Buch *Die Bevölkerungsbombe*, ebenfalls ein Bestseller, begrüßt er den Mut der beiden Brüder und ist der Ansicht, dass ihr Buch »eines der wichtigsten unserer Epoche ist«[69].

Aber Ehrlich ging noch weiter, sehr viel weiter … In einem anderen Buch, das er zusammen mit seiner Frau und John Holdren, einem angesehenen Umweltexperten, verfasste, schwingt er sich zu abenteuerlichen Problemlösungen auf.[70] Er schlägt unter anderem Gesetze vor, die eine Zwangsabtreibung ermöglichen, »wenn das dramatische Bevölkerungswachstum einen Punkt erreicht, an dem die ganze Gesellschaft in Gefahr ist«[71]. Außerdem sollten »alle unehelichen Kinder einer Adoption zugeführt werden. […] Sollte eine alleinstehende Mutter darauf bestehen, ihr Kind zu behalten, könnte man sie dazu verpflichten, sich der gesetzlich vorgeschriebenen Adoptions-Tauglichkeitsprüfung zu unterziehen, um zu beweisen, dass sie tatsächlich in der Lage ist, sich um das Kind zu kümmern. […] Eine weitere Möglichkeit bestünde darin, alleinstehende Schwangere zur Heirat oder Abtreibung zu zwingen«.[72]

Des Weiteren sollten Frauen nach dem zweiten oder dritten Kind sterilisiert werden.[73] Die drei Autoren schlagen sogar vor, das Trinkwasser oder einige Grundnahrungsmittel mit einem Mittel zu versetzen, das zur Unfruchtbarkeit führt![74]

Als die Ehrlichs Jahre später zu ihren früheren Aussagen befragt wurden, erklärten sie, sie seien schockiert, wie gründlich ihre Vorschläge fehlinterpretiert würden. »Wir sind und waren niemals Befürworter derart drastischer Maßnahmen der Bevölkerungskontrolle.«[75] Was eine glatte Lüge ist.

Das Versagen der Ethik

Ein weiterer Autor fiel ebenfalls durch seine extremen Positionen auf, auch er eine anerkannte und häufig zitierte Persönlichkeit. Der Biologe Garrett Hardin machte sich in gewissen ökonomischen und ökologischen Kreisen mit seinem Konzept der »Tragik der Allmende«[76] (oder »Tragik des Allgemeinguts«) einen Namen. Zu Recht sorgte er sich wegen der Bedrohung durch globale Probleme wie Überbevölkerung, Verschmutzung von Luft und Gewässern, Überfischung der Meere etc., glaubte jedoch, dass man dieser Probleme nur auf zwei verschiedene Weisen Herr werden könne: entweder durch Privatisierung oder aber durch die Intervention einer übergeordneten Autorität. Auch er empfahl eine Kontrolle des Bevölkerungswachstums, mit dem Argument, dass »die Freiheit, sich nach Gutdünken fortzupflanzen, intolerabel« sei angesichts der ökologischen Folgen der Überbevölkerung. In einem meiner früheren Bücher habe ich dargelegt, wie empirisch falsch diese Theorie ist und dass es einen dritten, besseren Lösungsweg gibt, nämlich den des bürgerschaftlichen Engagements.[77]

Aber zurück zum eigentlichen Thema. In einem weniger bekannten Text widmete sich Hardin dem Verhältnis zwischen reichen und armen Ländern. Er ist der Auffassung, die Meinung, jeder Mensch auf der Erde habe das gleiche Recht auf die Nutzung der zur Verfügung stehenden Ressourcen, sei unvernünftig. Ihm zufolge kann dieses Konzept, das von schlecht beratenen Idealisten befördert werde, um eine suizidale Einwanderungs- und internationale Entwicklungspolitik zu rechtfertigen, nur in die Katastrophe führen.

Jeder entwickelte Staat könne, so führt er aus, mit einem Rettungsboot verglichen werden, in dem nur wohlhabende Menschen sitzen, während um sie herum lauter Arme schwimmen, die ins Boot klettern oder zumindest etwas von den Reichen abbekommen wollen. Wenn die Passagiere des Rettungsboots sie aufnähmen, werde das Boot untergehen und alle würden ertrinken.

Die einzige vernünftige Lösung besteht ihm zufolge darin, die Armen vehement daran zu hindern, ins Boot zu klettern. Jene im Boot, die versucht seien, diese Möglichkeit aus moralischen Gründen zu verwerfen, könnten ja das Boot verlassen und damit Platz für jemand anderen machen, kein Problem! »Die Tatsache, dass es von ihrem Gewissen geplagten Menschen freisteht, ihren Platz zu räumen, den sie in ihren Augen zu Unrecht beanspruchen, führt dazu, dass diese Art von schlechtem Gewissen bald ganz aus dem Boot verschwindet.«

Garrett Hardin ersetzt folglich das Gewissen durch etwas, was er die »Ethik des Rettungsboots« nennt, ein recht eigenwilliges Verständnis von Ethik …

Benutzen wir stattdessen eine andere, ethische Metapher: ein großer gemeinschaftlicher Tanker statt eines Rettungsboots

Ich für meinen Teil ziehe eine andere Vision, eine andere Metapher vor, die des Tankers, auf dem nicht nur die Bevölkerung der reichen Länder Platz hat, sondern die aller Länder. Auch wenn es heute leider immer noch Kabinen erster Klasse und welche zweiter, dritter und vierter Klasse gibt, hindert einen nichts daran, sich eine Welt vorzustellen, in der die Unterschiede verschwunden sind oder zumindest stark abgenommen haben. Das mag für manche unrealistisch klingen, aber es ist überaus realistisch, dass es eine solche Welt, wenn wir sie uns nicht zumindest ausmalen, auch nie geben wird.

Das Ziel lautet in diesem Fall, die Menschheit mit sich und der Natur zu versöhnen.

Dieses erhebende Abenteuer hat bereits begonnen, und zwar im großen Stil. Und dieses Buch beschreibt diesen Prozess, die damit verbundenen Schwierigkeiten, Ergebnisse und Wege der Hoffnung.

Anmerkungen

1 Roosevelt, F. D. in seiner Antrittsrede am 4. März 1933.

2 Ladle, R. J. (2004), »Ecological science reporting: Another victim of global warming ?«, *British Ecological Society Bulletin*, 35 (4), S. 12-13.

3 Smith-Patten, B. D. (2015), »Is extinction forever?«, *Public Understanding of Science*, 24 (4), S. 481-495.

4 Ebda., S. 489

5 Lecomte, J. (2012), *La Bonté humaine*, Paris, Odile Jacob.

6 Ebda., 1. Kapitel.

7 Bazin, C. und Malet, J. (2013), *La Générosité des Français*, Recherches et Solidarités.

8 *Le Monde*, 17./18. November 2013.

9 *Direct Matin*, 2. Dezember 2013.

10 *Sciences et Avenir*, 26. September 2015.

11 *Le Monde Afrique*, 1. Oktober 2015.

12 *Direct Matin*, 2 Dezember 2013.

13 *Les Échos*, 15. März 2016.

14 *Le Figaro*, 13. Dezember 2016.

15 Servigne, P. und Stevens, R. (2015), *Comment tout peut s'effondrer*, Paris, Seuil, S. 33-34.

16 Steffen, W. u.a. (2015), »The trajectory of the Anthropocene: The great acceleration«, *The Anthropocene Review*, 2 (1), S. 81-98.

17 Siehe die betreffende Wikipedia-Seite zu »Théories sur les risques d'effondrement de la civilisation industrielle«.

18 Diamond, J. (2006), *Kollaps: Warum Gesellschaften überleben oder untergehen*, Frankfurt, Fischer.

19 McAnany, P. A. und Yoffee, N. (2009) (Hg.), *Questioning Collapse. Human Resilience, Ecological Vulnerability, and the Aftermath of Empire*, Cambridge, Cambridge University Press. Middleton, G. D. (2012), »Nothing lasts forever: Environmental discourses on the collapse of past societies«, *Journal of Archaeological Research*, 20 (3), S. 257-307. Siehe auch Rezensionen zu diesem Buch, wie z.B. die von Mark Blumler, Scott Page oder Joseph Tainter.

20 McAnany, P. A. und Yoffee, N. (2009), a.a.O.

21 Ebd., S. 5-6.

22 Diamond, J. (2006), a.a.O. , S. 183

23 Ebd., S. 184.

24 Hunt, T. L. und Lipo, C. P. (2010), »Ecological catastrophe, collapse, and the myth of ‚ecocide' on Rapa Nui (Easter Island)«, in P. A. McAnany und N. Yoffee (Hg.), a.a.O., S. 21-44.

25 McAnany, P. A. und Yoffee, N. (2010), »Questioning how different societies respond to crises«, *Nature*, 464, S. 977.

26 In Frankreich z.B.: »Pourquoi la Nasa prévoit la disparition de notre civilisation«, *Le Nouvel Observateur*, 19. März 2014; »Une *étude* prévoit la fin de notre civilisation«, *L'Express*, 19. März 2014; »Notre civilisation touche à sa fin, assure la Nasa«, *Le Point*, 19. März 2014.

27 NASA (20. März 2014), »NASA Statement on Sustainability Study«.

28 Motesharrei, S., Rivas, J. und Kalnay, E. (2014), »Human and nature dynamics (HANDY): Modeling inequality and

use of resources in the collapse or sustainability of societies«, *Ecological Economics*, 101, S. 90-102.

29 Ahmed, N. (14. März 2014), »Nasa-funded study: Industrial civilisation headed for ›irreversible collapse‹?«, *The Guardian*.

30 Kloor, K. (21. März 2014), »Judging the merits of a media-hyped ‚collapse' study«.

31 Motesharrei, S. (im Interview mit Van Hensbergen) (15. April 2014), »When a theoretical article is misinterpreted«.

32 Ehrlich, P. R. (1972), The Population Bomb (dt. Die Bevölkerungsbombe, Hanser: München 1971).

33 Ebd., S. 13.

34 Dixon, B. (16. September 1971), »In praise of prophets«, New Scientist and Science Journal, S. 606.

35 Sabin P. (2013), *The Bet. Paul Ehrlich, Julian Simon, and Our Gamble over Earth's Future*, New Haven, Yale University Press, S. 131-137. Siehe auch die Wikipedia-Seite »Simon-Ehrlich wager«.

36 Ehrlich, P. R. und Ehrlich, A. H. (2009), »The population bomb revisited«, *The Electronic Journal of Sustainable Development*, 1 (3), S. 63-71.

37 Ebd., S 114-115.

38 Ebd., S. 124-125.

39 Witte, K. und Allen, M. (2000), »A meta-analysis of fear appeals: Implications for effective public health campaigns«, *Health Education and Behavior*, 27 (5), S. 591-615.

40 Abgesehen von den auf die hier vorgestellten Artikel siehe auch Norgaard, K. M. (2006), »People want to protect themselves a little bit: Emotions, denial, and social movement nonparticipation«, *Sociological Inquiry*, 76 (3), S. 372-396. Moser, S. C. und Dilling, L. (2004), »Making climate hot«, *Environment*, 34, S. 32-46.

41 Hart, P. S. und Nisbet, E. (2012), »Boomerang effects in science communication: How motivated reasoning and identity cues amplify opinion polarization about climate mitigation policies«, *Communication Research*, 39 (6), S. 701-723.

42 Stoll-Kleemann, S., O'Riordan, T. und Jaeger, C. C. (2001), »The psychology of denial concerning climate mitigation

measures: Evidence from Swiss focus groups«, *Global Environmental Change*, 11 (2), S. 107-117.
43 O'Neill, S. und Nicholson-Cole, S. (2009), »›Fear won't do it‹: promoting positive engagement with climate change through visual and iconic representations«, *Science Communication*, 30 (3), S. 355-379.
44 Kasser, T. und Sheldon, K. M. (2000), »Of wealth and death: Materialism, mortality salience, and consumption behaviour«, *Psychological Science*, 11 (4), S. 352-355. Mandel, N. und Heine, S. J. (1999), »Terror management and marketing: He who dies with the most toys wins«, *Advances in Consumer Research*, 26 (1), S.527-532.
45 Kinnick, K., Krugman, D. M. und Cameron, G. T. (1996), »Compassion fatigue: Communication and burnout toward social problems«, *Journalism and Mass Communication Quarterly*, 73 (3), S. 687-707. Siehe auch Tester, K. (2001), *Compassion, morality and the media*, Buckingham, Open University Press.
46 Kellstedt, P. M., Zahran, S. und Vedlitz, A. (2008), »Personal efficacy, the information environment, and attitudes toward global warming and climate change in the USA«, *Risk Analysis*, 28 (1), S. 113-126.
47 Beever, E. (2000), »The roles of optimism in conservation biology«, *Conservation Biology*, 14 (3), S. 907-909 (S. 907).
48 Redford, K. und Sanjayan, M. A. (2003), »Retiring Cassandra«, *Conservation Biology*, 17 (6), S. 1473-1474.
49 Swaisgood, R. R. und J. K. Sheppard (2010), »The culture of conservation biologists: Show me the hope!«, *Bioscience*, 60 (8), S. 626-630.
50 Knight, R. L. (2007), »To save the Earth or to save a watershed: Optimism versus hope«, *Conservation Biology*, 21 (6), S. 1397-1398.
51 Dyck, E. J. und Coldevin, G. (1992), »Using positive versus negative photographs for third-world fund raising«, *Journalism Quarterly*, 69 (3), S. 572-579.
52 Gyldensted, C. (4. März 2015), »Comment j'ai adopté le journaliste constructif« (Interview in *Reporters d'espoir*).
53 Adorno, T. (1995), *Studien zum autoritären Charakter*,

Frankfurt, Suhrkamp. Stenner, K. (2005), *The Authoritarian Dynamic*, New York, Cambridge University Press. Doty, R. M., Peterson, B. E. und Winter, D. G. (1991), »Threat and authoritarianism in the United States, 1978-1987«, *Journal of Personality and Social Psychology*, 61, S. 629-640.

54 Cohrs, J. C., Kielmann, S., Maes, J. und Moschner, B. (2005), »Effects of rightwing authoritarianism and threat from terrorism on restriction of civil liberties«, *Analyses of Social Issues and Public Policy*, 5 (1), S. 263-276.

55 Sales, S. M. (1973), »Threat as a factor in authoritarianism: An analysis of archival data«, *Journal of Personality and Social Psychology*, 28 (1), S. 44-57.

56 Sales, S. M. (1972), »Economic threat as a determinant of conversion rates in authoritarian and nonauthoritarian churches«, *Journal of Personality and Social Psychology*, 23 (3), S. 420-428.

57 Lee, M. (2007), *Inventing fear of crime: Criminology and the politics of anxiety*, Portland, Willan.

58 Hetherington, M. und Suhay, E. (2011), »Authoritarianism, threat, and Americans' support for the war on terror«, *American Journal of Political Science*, 55 (3), S. 546-560.

59 Willer, R. (2004), »The effects of government-issued terror warnings on presidential approval ratings«, *Current Research in Social Psychology*, 10, S. 1-12.

60 Frey, B. S. (2004), *Dealing with terrorism: Stick or carrot?*, Cheltenham, Edward Elgar, S. 98.

61 In einem meiner nächsten Bücher werde ich detailliert auf diesen Zusammenhang eingehen.

62 Weise D. R, Pyszczynski, T., Cox, C. R, Arnd, J., Greenberg, J., Solomon, S. und Kosloff, S. (2008), »Interpersonal politics: The role of terror management and attachment processes in shaping political preferences«, *Psychological Science*, 19 (5), S. 448-455.

63 Miller, C. H. & Landau, M. J. (2005), »Communication and terrorism: A terror management theory perspective«, *Communication Research Reports*, 22. (1), S. 79-88. Pyszczynski, T. (2004), »What are we so afraid of? A terror management theory perspective on the politics of

fear«, *Social Research*, 71 (4), S. 827-848. Pyszczynski, T., Solomon, S. und Greenberg, J. (2003), *In the Wake of 9/11. The Psychology of Terror*, Washington, American Psychological Association.

64 Cohen, F. et al., (2004), »Fatal attraction: The effects of mortality salience on evaluations of charismatic, task-oriented, and relationship-oriented leaders«, *Psychological Science*, 15 (12), S. 846-851.

65 Landau, M. J., Solomon, S., Greenberg, J., Cohen, F., Pyszczynski, T. und Arndt, J. (2004), »Deliver us from evil: The effects of mortality salience and reminders of 9/11 on support for President George W. Bush«, *Personality and Social Psychology Bulletin*, 30 (9), S. 1136-1150.

66 Pyszczynski, T. (2004), ebd., S. 845.

67 Paddock, W. und Paddock, P. (1967), *Famine 1975! America's Decision: Who Will Survive?*, Boston, Little Brown. (Deutsche Fassung vergriffen: *Vor uns die mageren Jahre?*, Bern: Rütten & Loening, 1969.)

68 Bonner, J. (25 August 1967), »A challenge to those who would avert starvation«, *Science*, 157, S. 914-915.

69 Ehrlich, P. R. (1972), a.a.O., S. 219.

70 Ehrlich, P. R., Ehrlich, A. H. und Holdren, J. P. (1977), *Ecoscience: Population, Resources, Environment, San Francisco*, W. H. Freeman and company.

71 Ebd., S. 837.

72 Ebd., S. 786.

73 Ebd., S. 787.

74 Ebd., S. 786.

75 Anonymus (15 Juli 2009), »Obama's science czar does not support coercive population control, spokesman says ...«, Catholic News Agency.

76 Hardin G. (1968), »The tragedy of the commons«, *Science*, 162, S. 1243-1248.

77 Lecomte, J. (2012), a.a.O., 11. Kapitel.

1

DIE MENSCHHEIT LEBT BESSER …

RATE DER EXTREMEN ARMUT IN DEN ENTWICKLUNGSLÄNDERN[1]

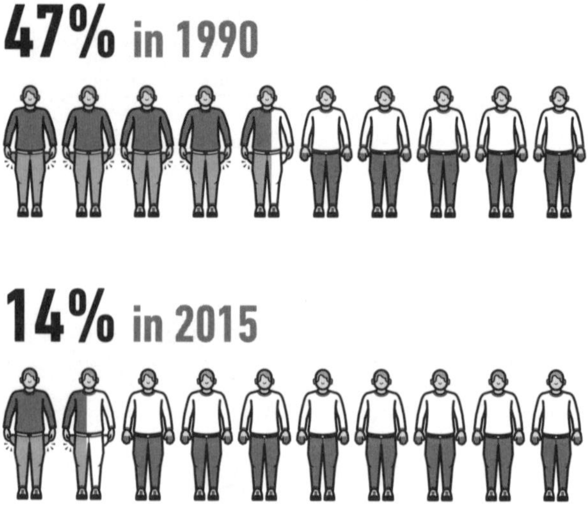

ÖFFENTLICHE ENTWICKLUNGSHILFE, 1916 BIS 2014[2]

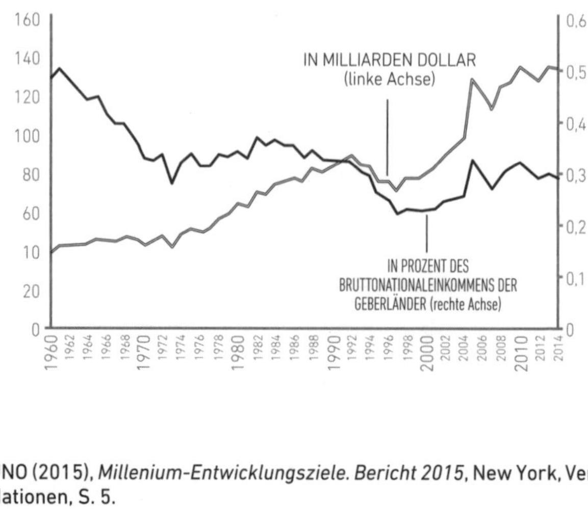

1 UNO (2015), *Millenium-Entwicklungsziele. Bericht 2015*, New York, Vereinte Nationen, S. 5.

2 Webseite der OECD, Figure 19.1., *Net official development assistance, 1960 bis 2014*, S. 164.

ARMUT 1

Ein beeindruckender Rückgang, schneller als erwartet

Seit 1990 hat die extreme Armut um mehr als zwei Drittel abgenommen, und mehr als eine Milliarde Menschen ist aus extremer Armut befreit worden.[1]

Im September 2000 setzte sich die UNO das ambitionierte Ziel, die weltweite Armut im Vergleich zum Niveau im Jahr 1990 bis 2015 zu halbieren. Dieses Ziel wurde fünf Jahre vor dem vorgesehenen Datum erreicht. Die wichtigsten Fortschritte fanden in Ostasien statt, wo der Rückgang der Armut besonders beeindruckend ist: von 61% der Bevölkerung im Jahr 1990 auf 4% im Jahr 2015.[2]

Das neue Ziel, das sich die UNO auf die Fahnen geschrieben hat, ist ganz klar, die Armut bis zum Jahre 2030 völlig zu besiegen.[3] Lilianne Ploumen, der Co-Präsidentin der Global Partnership for Effective Development Co-operation, zufolge ist »die Besiegung der Armut innerhalb einer Generation in Reichweite«.[4] Der gleichen Ansicht ist Erik Solheim, der Präsident des Development Assistance Committee (DAC) bei der OECD: »Zum ersten Mal hat die Menschheit jetzt die Möglichkeiten, das Wissen und die nötigen Ressourcen, um die Armut zu beenden und unsere Wirtschaftssysteme ökologisch zu gestalten.«[5]

DIE GRÜNDE FÜR DEN ERFOLG

Verschiedene Faktoren tragen zu dieser Entwicklung bei, insbesondere:

Die internationale Entwicklungshilfe

Obwohl der Prozentsatz der tatsächlich gewährten Hilfe unter dem international vereinbarten Ziel von 0,7% des Bruttonationaleinkommens verharrt, hat sich die Gesamtsumme der öffentlichen Entwicklungszusammenarbeit (Official Development Assistance) seit fünfzig Jahren stetig erhöht.

Ein neues Verständnis von Wachstum

Das Wirtschaftswachstum kann ein wichtiger Faktor beim Abbau der Armut und des Hungers sein, jedoch nicht jede Art von Wachstum. Eine in Bezug auf hundert Länder durchgeführte Studie zeigt, dass eine familiär betriebene Landwirtschaft die Armut senkt, während eine vorherrschende Minen- oder Ölindustrie die Reduzierung der Armut in den betreffenden Ländern bremst.[6]

Es gibt eine andere Art von Wachstum, das als integrativ und die Armut senkend definiert wird, ein Wachstum, das allen Zugang zu Nahrungsmitteln und Bodenschätzen ermöglicht. Diesen Ansatz übernehmen immer mehr Regierungen und Institutionen als offizielle Zukunftsperspektive[7], eine beachtliche Entwicklung im Vergleich zu den Faktoren, an denen man sich in der Vergangenheit orientiert hat. Ein Bericht der OECD zu diesem Thema bekräftigt, dass »das ökonomische Wachstum kein Selbstzweck ist«.[8]

Davon ausgehend stellen immer mehr kritische Stimmen das Bruttoinlandsprodukt als Indikator für den Wohlstand eines Landes infrage. Denn diese Größe misst lediglich den Gesamtwert aller ökonomischen Aktivitäten, gleich welcher Art. Daher erhöht jeder Unfall, Mord, Krieg, jede Epidemie oder Naturkatastrophe das BIP und stimuliert das Wirtschaftswachstum, während die Maßnahmen zur Verhinderung dieser Faktoren es mindern. Inzwischen gibt es weitere Indikatoren, um die Lebensqualität zu messen, zum Beispiel das Bildungsniveau oder der Respekt gegenüber der Umwelt.[9] Die Ergebnisse weichen oft erheblich vom BIP ab; so hat ein Vergleich von 53 Ländern ergeben, dass Costa Rica im Index für sozialen Fortschritt am besten abschneidet und Saudi-Arabien am schlechtesten.[10]

Eine gute Governance (gute Strukturen und Führung auf allen politisch-gesellschaftlichen Ebenen)

Länder, die nicht das international angestrebte Ziel für die Armutssenkung erreichen, zeichnen sich in der Regel durch eine schlechte Governance aus sowie durch Bürgerkriege und ein falsch ausgerichtetes Wirtschaftswachstum, insbesondere wenn der Schwerpunkt auf Bergbau oder Erdölförderung liegt.

Partnerschaften zwischen den verschiedenen Akteuren

Der Begriff »Entwicklungshilfe« wird immer häufiger durch »Entwicklungszusammenarbeit« ersetzt. Es formieren sich zunehmend Partnerschaften, und die größte ist die »Globale Partnerschaft für wirksame Entwicklungskooperation«, eine Plattform, auf der alle möglichen Arten von Partnern zusammenfinden: Regierungen, Nichtregierungsorganisationen, Gewerkschaften, internationale Einrichtungen, Unternehmen, Stiftungen und Entwicklungsbanken.

Die Partnerschaften begünstigen drei Arten von Handeln:[11]

Das Teilen von Wissen

Der Dialog ermöglicht es, dass beide Seiten voneinander lernen, und fördert gegenseitiges Vertrauen und Respekt.

Koordiniertes Handeln

Keiner der teilnehmenden Akteure kann die Probleme allein lösen. Daher sind die Staaten nicht mehr die alleinigen Finanzquellen für Entwicklung. Sie können jedoch geeignete Bedingungen schaffen, private Investitionen befördern und regulieren und den sozialen Schutz garantieren, der 150 Millionen Menschen auf der Welt vor dem Abgleiten in die Armut bewahrt.[12] Unternehmen wiederum können in den betreffenden Ländern Arbeitsplätze schaffen und umweltschonende Technologien entwickeln. Die NGOs, früher vor allem in der Rolle jener, die als Erste Alarm schlagen, engagieren sich zusehends auch als treibende Kraft, wenn es um zukunftsweisende Konzepte geht (siehe dazu auch Kapitel 10).

Verantwortung
Der Großteil der Entwicklungshilfe-Leistungen ist freiwillig und daher juristisch nicht bindend. Laut Fabrizio Pagani ist »die sanfte Methode, die die gegenseitige Rechenschaftspflicht während des Prozesses kennzeichnet, in den meisten Fällen geeigneter als ein klassischer Mechanismus, wenn es darum geht, das Rechtsbewusstsein zu steigern«[13] (in Kapitel 10 finden Sie ein konkretes Beispiel hierfür). Da die verantwortlichen Politiker in der Regel sehr auf ihre Reputation bedacht sind, können »symbolische« Sanktionen, wie zum Beispiel Druck durch die Kollegen oder eine schlechte Presse sehr wirksam sein.

VORSICHT IST WEITERHIN GEBOTEN

Die Nahrungsversorgung in Afrika südlich der Sahara bleibt weiterhin unbefriedigend: 2015 lebten noch mehr als 40% der Bevölkerung dieser Region in extremer Armut.

Anmerkungen

1 UNO (2015), *Milleniums-Entwicklungsziele – Bericht 2015*, New York, Vereinte Nationen, S. 14.
2 Ebd., S. 15.
3 UNO (2014), *Der Weg zu einem Leben in Würde bis 2030: die Armut beenden, Menschenleben verändern und die Erde schützen*, New York, Vereinte Nationen.
4 OECD (2015), *Development Co-operation Report 2015. Making Partnerships Effective Coalitions for Action*, Paris, OECD, S. 101.
5 Ebd., S. 17.
6 Christiaensen, L., Demery, L. und Kuhl, J. (2011), »The (evolving) role of agriculture in poverty reduction: An empirical perspective«, *Journal of Development Economics*, 96 (2), S. 239-254.
7 Faber, E. und Naidoo, J. (2014), *Innover par la mobilisation des acteurs: 10 propositions pour une nouvelle approche de l'aide au développement*, Paris, ministère des Affaires *étrangères* et du Développement international. OECD (2014), *Rapports sur le cadre de l'OCDE pour une croissance inclusive*, Paris, OECD. Weltbank (2012), »Inclusive green growth: The pathway to sustainable Development«, Washington, World Bank.
8 OECD (2014), ebd., S. 3.
9 Gadrey, J. und Jany-Catrice, F. (2016), *Les Nouveaux Indicateurs de richesse*, Paris, La Découverte.
10 Porter, M. E., Stern, S. und Green, M. (2016), *Social Progress Index 2016*, Washington, Social Progress Imperative, S. 20.
11 OECD (2015), a.a.O.
12 Fiszbein, A., Kanbur, R. und Yemtsov, R. (2014), »Social protection and poverty reduction: Global patterns and some targets«, World Development, 61 (1), S. 167-177.

13 Pagani, F. (2003), *L'Examen par les pairs. Un instrument de coopération et de changement*, Paris, OECD, S. 13. Siehe auch Ocampo, J. A., Gómez-Arteaga, N. (2016), »Accountability in international governance and the 2030 development agenda«, *Global Policy*, 7 (3), S. 305-314.

DER HUNGER KANN AUSGEMERZT WERDEN
ANTEIL DER AN UNTERERNÄHRUNG LEIDENDEN MENSCHEN WELTWEIT[1]

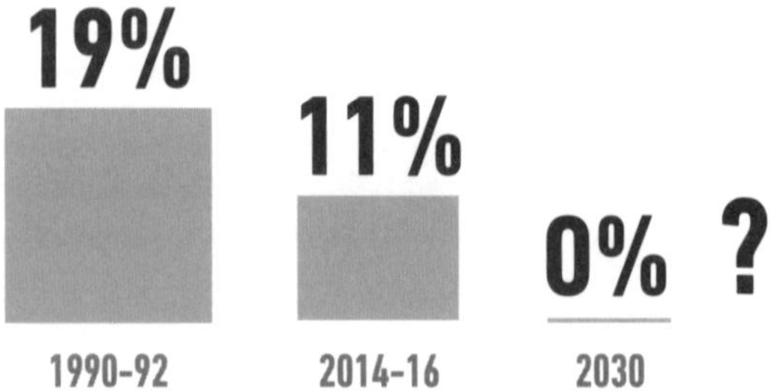

DIE UNTERERNÄHRUNG BEI KINDERN GEHT ZURÜCK
ANTEIL DER KINDER UNTER 5 JAHREN, DIE WELTWEILT AN UNTERERNÄHRUNG LEIDEN[2]

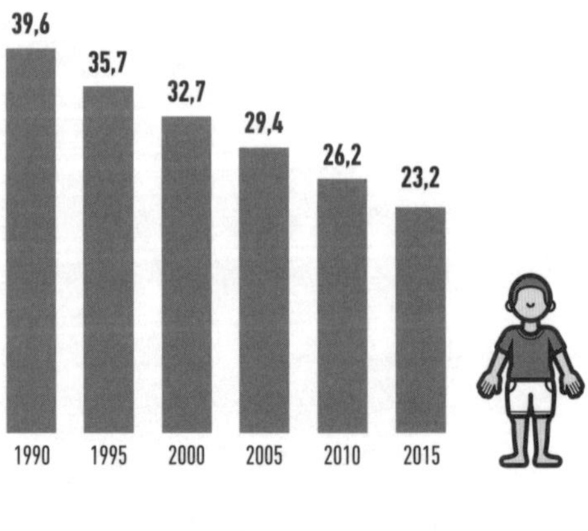

1 FAO-FIDA-PAM (2015), *L'État de l'insécurité alimentaire dans le monde 2015*. Rom, FAO, S. 8.

2 Webseite der Unicef, *Global and regional trends by UN Regions, 1990-2025*, Stunting 1990-2025.

»Null-Hunger-Ziel« für 2030

Fast zwei Milliarden Menschen konnten in den letzten 25 Jahren aus ihrem Zustand der Unterernährung befreit werden. Zwischen 1990 und 1992 litten noch 19% der Weltbevölkerung an Unterernährung, im Zeitraum von 2014 bis 2016 waren es noch 11%.[1]

Vor allem den Kindern kommt diese Entwicklung zugute. 1990 litten 255 Millionen Kinder an Wachstumsverzögerung, 2014 dagegen »nur noch« 159 Millionen, obwohl die Zahl der Kinder in diesem Zeitraum stark zunahm. Prozentual ergibt sich eine Veränderung von 40% der Kinder mit Wachstumsverzögerung im Jahr 1990 zu 24% im Jahr 2014.[2]

Das Millenniums-Entwicklungsziel (Millennium Development Goal, MDG), das darin besteht, den Prozentsatz der hungernden Menschen weltweit zu halbieren, ist beinahe erreicht, sodass die UNO einen neuen Kurs festgelegt hat: den Hunger bis 2030 gänzlich zu besiegen. José Graziano da Silva, der Direktor der Ernährungs- und Landwirtschaftsorganisation der UNO (FAO) bekräftigt dieses Ziel: »Dass das Millenniumsziel zur Reduzierung des Hungers beinahe erreicht ist, zeigt uns, dass es tatsächlich möglich ist, zu unseren Lebzeiten die Geißel des Hungers auszulöschen. Wir müssen die Null-Hunger-Generation sein.«[3]

Eine neue grüne Revolution

Ein Hauptgrund für diese positiven Ergebnisse liegt in der Landwirtschaft, denn die Produktion hat sich seit einem Vierteljahrhundert stetig erhöht.

Zwischen 1960 und 1990 ermöglichte die »Grüne Revolution«, die sich dem Anbau verschiedener Hochleistungsgetreidesorten verschrieben hat, Ländern wie Indien oder Pakistan, den Hunger in ihrer Bevölkerung beträchtlich zu verringern. Über dieses Ergebnis kann man sich natürlich nur freuen, allerdings ist der dafür gezahlte Preis hoch und diese Strategie stark in die Kritik geraten, erfordert sie doch ein hohes Maß an Bewässerung, Düngemittel und Pestizide, allesamt schädlich für die Umwelt.[4]

Inzwischen zeichnet sich eine neue grüne Revolution ab, die zugleich der Menschheit zugutekommt und die Umwelt schont, indem man sich neue agrarwissenschaftliche Erkenntnisse zunutze macht.[5]

Da die Mehrheit der unterernährten Menschen in ländlichen Gebieten wohnt, ist es notwendig, den Ertrag kleiner Betriebe zu steigern, vor allem der der familiären Landwirtschaft, die 80% der weltweiten Nahrungsproduktion ausmacht.[6] Eine große, hundert Länder umfassende Studie zeigt, dass die landwirtschaftliche Ertragssteigerung in Ländern mit geringem Wirtschaftsaufkommen die Armut fünfmal mehr verringert als ein nichtlandwirtschaftliches Wirtschaftswachstum.[7] Und für die Region südlich der

Sahara ist das Ergebnis noch beeindruckender: Dort ist die Reduzierung des Hungers dank einer verbesserten Landwirtschaft um ein Elffaches größer.

Besser angepasste internationale Entwicklungshilfe

Die internationale Hilfe versteht sich zusehends als eine Art Partnerschaft. Die Nichtregierungsorganisation *Global Alliance for Improved Nutrion* (GAIN) hat sich eine Welt ohne Unterernährung zum Ziel gesetzt. Dafür arbeitet sie mit verschiedenen staatlichen und industriellen Partnern zusammen (mit mehr als 600 Unternehmen), und ihre Programme erstrecken sich auf mehr als 500 Millionen Menschen in dreißig Ländern, davon zwei Drittel in Afrika.

Mehr noch, auch wenn weiterhin eine internationale Hilfe notwendig ist, findet gerade eine neue Entwicklung in Bezug auf die Transferleistungen von Nord nach Süd statt. Große Unternehmen rufen Partnerschaften ins Leben und übernehmen so zusehends die Rolle der Industriestaaten. Eines der bekanntesten Beispiele ist das Joint Venture zwischen Danone und der Grameen Bank (einer Mikrokreditbank, deren Gründer Muhammad Yunus mit dem Friedensnobelpreis ausgezeichnet wurde). Ermutigt durch den Erfolg dieser Partnerschaft, gründete die Danone-Gruppe 2007 Danone.communities, ein Investmentfonds, dessen Ziel es ist, »Social Business«-Projekte zu fördern, zu begleiten und zu finanzieren, die Unterernährung und Armut in der Welt bekämpfen. Inzwischen finanziert der Fonds zehn

Projekte, von denen ungefähr eine Million Menschen profitieren.[8]

Darüber hinaus zeigen die von Esther Duflo, Abhijit Banerjee und ihren Kollegen durchgeführten Untersuchungen, dass man sich bemühen muss, das Verhalten der einzelnen Menschen zu verstehen. Zum Beispiel wollen manche Menschen, die an Unterernährung leiden, nicht unbedingt mehr essen, selbst wenn sie die Möglichkeit dazu haben.[9]

Bemerkenswerte Fortschritte dank der Gesundheitshelfer

Im Fall schwerer Unterernährung bei einem Kind können ihm therapeutische Fertignahrungsmittel verabreicht werden. Aber eine Behandlung im Krankenhaus ist zu teuer für arme Familien, ein Umstand, der eine hohe Sterblichkeitsrate zur Folge hat. Um dem Rechnung zu tragen, empfehlen die UNO, die WHO und UNICEF den betroffenen Staaten, eine »Communtiy Health«-Politik zu verfolgen, das heißt Gesundheitshelfer einzusetzen, die die Dörfer besuchen und die unterernährten Kinder ausfindig machen, um ihnen die nötige Behandlung zukommen zu lassen.[10] Eine in weiten Teilen Afrikas durchgeführte Untersuchung brachte dort, wo mit Gesundheitshelfern gearbeitet wird, eine Heilungsrate von 80% und eine Sterberate von 4% zutage, Ergebnisse, die den internationalen Standard weit übertreffen.[11] Die Sterberate beträgt nur ein Fünftel jener, die normalerweise bei Programmen erreicht wird, die sich auf Krankenhausbehandlungen stützen.

VORSICHT IST WEITERHIN GEBOTEN

Obwohl es genügend Nahrungsmittel gibt, um alle Bewohner der Erde zu ernähren, leiden noch immer 800 Millionen Menschen an Hunger.

Noch immer gibt es riesige Unterschiede zwischen den verschiedenen Regionen. Während Lateinamerika, Ostasien und Südostasien bemerkenswerte Fortschritte erzielt haben, sind die Erfolge in Afrika südlich der Sahara ungenügend.

Gleichzeitig steigt die Fettleibigkeit bei Kindern in zahlreichen Regionen der Welt an.

Anmerkungen

1 FAO-FIDA-PAM (2015), *L'État de l'insécurité alimentaire dans le monde 2015. Objectifs internationaux 2015 de réduction de la faim: des progrès inégaux*, Rom, FAO, S. 8-9.

2 Unicef (2016), »Undernutrition contributes to nearly half of all deaths in children under 5 and is widespread in Asia and Africa«.

3 FAO (27. Mai 2015), »World hunger falls to under 800 million, eradication is next goal«.

4 Carolan, M. (2013), *Reclaiming Food Security*, Milton Park, Routledge. Glaeser, B. (1987), *The Green Revolution Revisited. Critique and Alternatives*, London, Allen & Unwin.

5 De Schutter, O. und Vanloqueren, G. (2011), »The new green revolution: How twenty-first-century science can feed the world«, *Solutions*, 2 (4), S. 33-44. Tomich, T. P. (2011), »Agroecology: A review from a global-change perspective«, *Annual Review of Environment and Resources*, 36, S. 193-222.

6 FAO-FIDA-PAM (2015), a.a.O. S. 33.

7 Ebd.

8 Lecomte, J. (2016), *Les Entreprises humanistes. Comment elles vont changer le monde*, Paris, Les Arènes, S. 293-298.

9 Banerjee, A. und Duflo, E. (2015), *Poor Economics: Plädoyer für ein neues Verständnis von Armut*, München, btb.

10 WHO/ United Nations System Standing Commitee on Nutrition/The Untited Nations Children's Fund (2007), *Community-Based Management of Severe Acute Malnutrion.*

11 Collins, S. et al. (2006), »Key issues in the success of community-based management of severe malnutrition«, *Food & Nutrition Bulletin*, 27 (3), S. 49-S82.

DIE ANALPHABETISMUSRATE NIMMT AB

DIE ZAHL DER KINDER IM GRUNDSCHULALTER, DIE KEINE SCHULE BESUCHEN, SANK ZWISCHEN 1990 UND 2015 WELTWEILT BETRÄCHTLICH[1]

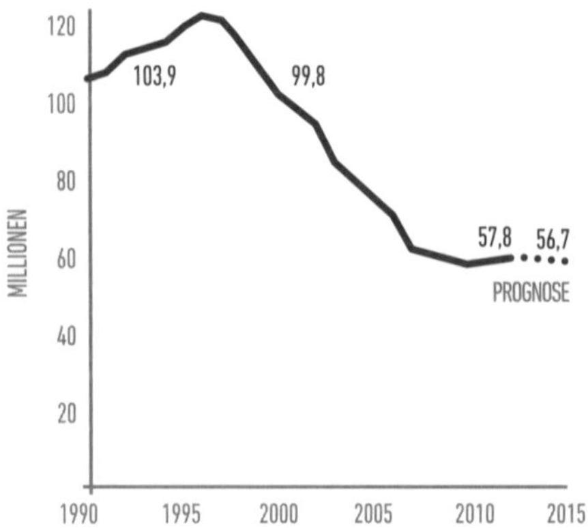

EINDRUCKSVOLLER ANSTIEG DER EINSCHULUNGSQUOTE IN AFRIKA SÜDLICH DER SAHARA[2]

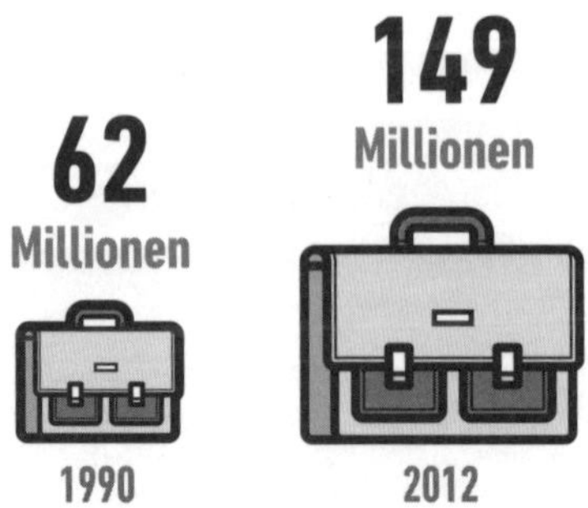

1 Vereinte Nationen (2015), *Millenniums-Entwicklungsziele, Bericht 2015*, New York, Vereinte Nationen, S. 25.

2 Ebd.

Primarschulbildung für alle: eine realistische Hoffnung

1996 besuchten 120 Millionen Kinder keine Schule, 2015 waren es noch 57 Millionen. Die beachtlichsten Fortschritte sind in puncto Gleichheit der Geschlechter zu verzeichnen.

Die Millenniums-Entwicklungsziele der UNO ebenso wie die Initiative Primarschulbildung für alle Kinder, die im Jahr 2000 164 Länder in Dakar ins Leben riefen, haben eindrucksvolle Ergebnisse gezeitigt. Am größten waren die Erfolge in Afrika südlich der Sahara: Zwischen 1990 und 2012 ist die Zahl der eine Grundschule besuchenden Schüler von 62 auf 149 Millionen gestiegen und hat sich somit mehr als verdoppelt.[1]

Am bemerkenswertesten ist der Fortschritt, der in puncto Geschlechtergleichheit bei der Einschulung erzielt wurde. Gewiss, sie ist noch nicht erreicht, aber auf gutem Weg: Die Zahl der Länder, in denen weniger als 90 Mädchen gegenüber 100 Jungen eingeschult wurden, fiel von 33 im Jahr 1999 auf 16 im Jahr 2012.

Hier einige Beispiele von Ländern, die einen besonders großen Sprung gemacht haben:[2]

- In Burundi stieg die Zahl der eingeschulten Kinder von 41% im Jahr 2000 auf 94% im Jahr 2010;
- In Äthiopien fiel der Prozentsatz der Kinder, die nie eine Schule besucht haben, von 67% im Jahr 2000 auf 28% im Jahr 2012.

- In Haïti reduzierte sich der Prozentsatz der Kinder, die nie zur Schule gingen, zwischen 2000 und 2012 um mehr als die Hälfte, trotz des schweren Erdbebens, einer Nahrungsmittelkrise und Überschwemmungen.
- In Nepal stieg die Einschulungsquote von 11% im Jahr 1999 auf 84% im Jahr 2013.
- In Nicaragua wuchs der Anteil eingeschulter Kinder aus den ärmsten Familien von 16% im Jahr 2000 auf 66% im Jahr 2010.
- In Niger nahm die Einschulungsquote von 27% im Jahr 2000 auf 64% im Jahr 2010 zu.

GRÜNDE FÜR DEN ERFOLG

Mehrere systematische Übersichtsarbeiten zeigen die wichtigsten Faktoren auf, die das Ziel »Grundschulbildung für alle« begünstigen.[3] Vor allem zwei Aspekte spielen eine wichtige Rolle:

- Der Druck, der durch Kinderrechts- und Schulbildungs-Aktivisten ausgeübt wird.
- Der Anstieg der staatlichen Investitionen.

Druck durch Aktivistenverbände

Seit 2000 spielen zahlreiche Nichtregierungsorganisationen eine bedeutende Rolle bei der Umsetzung des Aktionsprogramms »Primarschulbildung für alle«.[4] Die Aktivisten beharren darauf, dass die Schulbildung als nationale Priorität anerkannt wird, appellieren an internationale Geldgeber, ihre Hilfsleistungen zu erhöhen, fordern von ihren Regierungen Transparenz und wachen darüber, dass die Mittel tatsächlich ihrem Zweck zugeführt werden, dass die Lehrer eine gute Ausbildung erhalten und die Schulen über die notwendigen Unterrichtsmaterialien verfügen. Sie ringen darum – nicht selten mit Erfolg –, von den jeweiligen Bildungsministern als Partner angesehen zu werden, um Einfluss auf wichtige bildungspolitische Entscheidungen und die sinnvolle Verwendung der Budgets nehmen zu können.

Diese Art des Handelns wurde übrigens 2014 mit dem Friedensnobelpreis ausgezeichnet, der gemeinsam an Malala Yousafzaï und Kailash Satyarthi verliehen wurde, und zwar »für ihren Kampf gegen die Unterdrückung von Kindern und Jugendlichen und für das Recht aller Kinder auf Schulbildung«, wie der Präsident des norwegischen Nobelpreiskomitees erklärte. Malala Yousafzaï, mit 17 Jahren die jüngste Nobelpreisträgerin aller Zeiten, engagiert sich mutig für die Einschulung junger Mädchen in Pakistan, während Kailash Satyarthi u.a. für die »Golbale Bildungskampagne« tätig ist, eines der wichtigsten internationen Netzwerke zur Förderung von Bildung für alle.[5]

Höhere staatliche Investitionen

Sowohl die Millenniums-Entwicklungsziele als auch die Initiative Grundschulbildung für alle, zu der sich im Jahr 2000 164 Länder in Dakar zusammenschlossen, haben für eine stärkere Einbindung der Staaten gesorgt. Diese bringen sich inzwischen sehr viel mehr ein, und zwar auf verschiedene Weise:

Besonders wirkungsvoll erweisen sich *der Bau neuer Schulen*, die Renovierung alter Gebäude sowie eine bessere Erreichbarkeit der Schulen, vor allem durch den Bau von Straßen.[6] So hat zum Beispiel in Afghanistan der Bau von Schulen in Dörfern die Einschulungsquote von Mädchen von 16% auf 68% erhöht und die von Jungen von 36% auf 71%.[7]

Genauso hilfreich ist die *kostenlose Schulbildung*, wie sie die UN-Kinderrechtskonvention und andere internationale Initiativen fordern, die vor allem benachteiligten Gruppen wie Mädchen und Waisen zugutekommt.[8] In Afrika südlich der Sahara haben seit dem Jahr 2000 15 Länder Gesetze zur Abschaffung der Schulgebühren erlassen. Da diese Maßnahme von der Bevölkerung überaus geschätzt wird, machen Politiker sie regelmäßig zum Wahlkampfthema.

Auch die *Schulspeisung* spielt eine wichtige Rolle. Eine in 32 Ländern in Afrika südlich der Sahara durchgeführte Untersuchung zeigt, dass diese Praxis im ersten Jahr dieses Programms bei Mädchen einen Anstieg der Einschulungsquote um 28% und bei Jungen um 22% erbrachte.[9] Die Wirkung einer kostenlosen Schulspeisung erhöht sich noch, wenn sie durch Essensrationen ergänzt wird, die die Schüler nach Hause mitnehmen können.

VORSICHT IST WEITERHIN GEBOTEN

Trotz beachtlicher Fortschritte wurde das ambitionierte Ziel Grundschulbildung für alle, das man sich in Dakar bis zum Jahr 2015 gesetzt hatte, verfehlt. Noch immer gibt es 57 Millionen nicht eingeschulter Kinder auf der Welt und fast 100 Millionen Kinder, die die Grundschule nicht abschließen.

In Bezug auf die Erwachsenen vollzieht sich die Entwicklung noch langsamer. Während es das Ziel von Dakar war, die Analphabetenrate bei Erwachsenen bis 2015 zu halbieren, ist sie in Wirklichkeit nur leicht zurückgegangen, von 18% im Jahr 2000 auf 14% in 2015. Insgesamt gibt es derzeit weltweit 781 Millionen erwachsene Analphabeten.

Anmerkungen

1 Vereinte Nationen (2015), *Millenniums-Entwicklungsziele, Bericht 2015*, New York, Vereinte Nationen, S. 24.

2 Unesco (2015), *Éducation pour tous 2000-2015, progrès et enjeux*, Paris, Unesco, S. 80-83.

3 Petrosino, A. et al. (2015), »What works in developing nations to get children into school or keep them there? A systematic review of rigorous impact studies«, *Research on Social Work Practice*, 25 (1), S. 44-60. Unesco (2015), ebd. McEwan, P. J. (2014), »Improving learning in primary school of developing countries: A meta-analysis of randomized experiments«, *Review of Educational Research*, 85 (3), S. 353-394. Kremer, M., Brannen, C. und Glennerster, R. (2013), »The challenge of education and learning in the developing world«, *Science*, 340, S. 297-300.

4 Verger, A. und Novelli, M. (Hg.) (2012), *Campaigning for Education for All. Histories, Strategies and Outcomes of Transnational Advocacy Coalitions in Education*, Rotterdam, Sense Publishers.

5 Mundy, K. (2012), »The global campaign for education and the realization of education for all«, in A. Verger und M. Novelli (Hg.), ebd., S. 23-36. Gaventa, J. und Mayo, M. (2010), »Spanning citizenship spaces through transnational coalitions: The Global campaign for education«, in J. Gaventa und R. Tandon (Hg.), *Globalizing citizens. New dynamics of inclusion and exclusion*, London, Zed, S. 140-162.

6 Petrosino, A. et al. (2015), ebd.

7 Burde, D., und Linden, L. (2013), »Bringing education to afghan girls: A randomized controlled trial of village-based schools«, *American Economic Journal: Applied Economics, 5* (3), S. 27-40.

8 Morgan, C., Petrosino, A. und Fronius, T. (2014), »Eliminating school fees in low-income countries: A systematic review«, *Journal of MultiDisciplinary Evaluation, 10* (23), S. 26-43.

9 Gelli, A., Meir, U. und Espejo, F. (2007), »Does provision of food in school increase girls' enrollment? Evidence from schools in Sub-Saharan Africa«, *Food & Nutrition Bulletin*, 28 (2), S. 149-155.

DAS AUFBLÜHEN DER DEMOKRATIE
DIE DEMOKRATIE MACHT WELTWEIT FORTSCHRITTE – DIE MEHRHEIT DER STAATEN IST HEUTE DEMOKRATISCH[1]

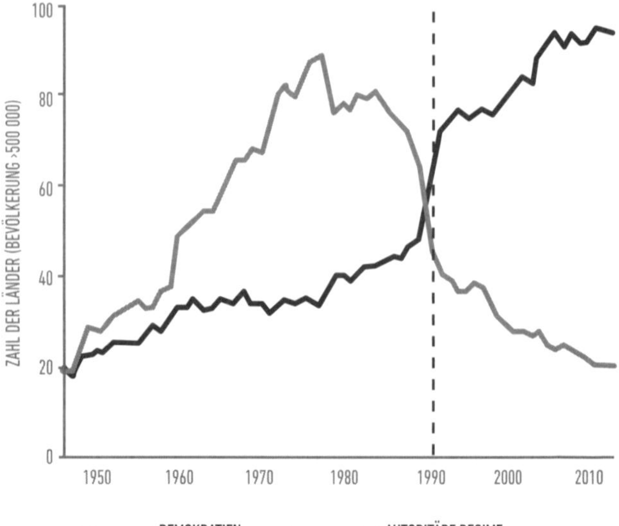

1 Marshall, M. G. und Cole, B. R. (2014), *Global Report 2014. Conflict, Governance, and State Fragility*, Vienna (USA), Center for systemic peace, S. 22.

Was wäre, wenn alle Länder der Erde demokratisch würden?

Vor zwei Jahrhunderten machten die Demokratien gerade einmal 5% der Staaten aus.
Seit den 1990er-Jahren sind sie zahlreicher als jene mit einem autoritären Regime.

Seit Ende des 18. Jahrhunderts ist die Zahl der Demokratien stark gestiegen. Zwischen 1975 und 2006 hat die Demokratie weltweit kontinuierlich Fortschritte gemacht, ein Wandel, wie er in der Geschichte der Menschheit noch nie zu beobachten war.

WELLEN DER DEMOKRATISIERUNG

Der Aufschwung der Demokratie in der Welt erfolgte nicht in gleichbleibender Weise. Zahlreiche Experten schließen sich der Theorie des Politologen Samuel Huntington an, wonach es im Wesentlichen drei Wellen der Demokratisierung gab:[1]

- Die erste setzte Anfang des 19. Jahrhunderts ein und dauerte bis 1922, als Mussolini in Italien an die Macht kam.
- Die zweite Welle begann nach dem Zweiten Weltkrieg und erreichte ihren Höhepunkt 1962, als 36 Demokratien weltweit verzeichnet wurden, ehe sie wieder abflaute.

- Die dritte nahm 1974 mit der »Nelkenrevolution« in Portugal ihren Anfang. Diese Welle umfasst auch die demokratischen Entwicklungen in Lateinamerika, Asien und Osteuropa. Als sie einsetzte, waren erst 30% der unabhängigen Staaten weltweit Demokratien.

WIE SICH UNSERE WELT DEMOKRATISIERT HAT: DIE VIER WICHTIGSTEN FAKTOREN

Zahlreiche Forscher haben die Ursachen dieser Entwicklung untersucht.[2] Demnach spielen mehrere Faktoren eine Rolle, darunter folgende:

Das Streben der Menschen nach Freiheit

Das ist natürlich ein sehr wichtiges Element. Der menschliche Hunger nach Freiheit, der Möglichkeit, die Welt mitzugestalten, und nach einem selbstbestimmten Leben erweist sich mitunter als unaufhaltsame Kraft, die selbst bislang stabile autokratische Regime zu Fall zu bringen vermag, ob mit oder ohne Gewalt.

Die wirtschaftliche Lage

Reiche Länder sind in der Regel demokratisch. Indessen herrscht Uneinigkeit über die Henne-Ei-Frage: Zieht der Wohlstand automatisch die Demokratie nach sich oder umgekehrt? Oder ist diese Korrelation vielleicht purer Zufall? Einige Untersuchungen legen die Vermutung nahe, dass die Verbesserung der Wirtschaftslage eines Landes das Entstehen einer Demokratie begünstigt, andere Untersuchungen betätigen dieses Ergebnis wiederum nicht.[3]

Bildung

Das Bildungsniveau der Bevölkerung ist ein entscheidender Faktor.[4] Einer Studie zufolge erhöht sich mit durchschnittlich jedem weiteren Schuljahr die Wahrscheinlichkeit eines demokratischen Prozesses um 15%.[5] In ihrer sich über einen längeren Zeitraum (von 1870 bis 2000) und auf eine signifikante Anzahl von Ländern erstreckenden Studie stellen zwei Wirtschaftswissenschaftler fest, dass »eine breite Grundschulbildung als zuverlässigster Faktor für die Entwicklung einer Demokratie betrachtet werden kann«.[6]

Der Einfluss anderer Länder

Die Nachbarschaft demokratischer Staaten erhöht signifikant die Wahrscheinlichkeit, dass sich ein autokratischer Staat durch deren positive Ausstrahlung in eine Demokratie verwandelt.[7] Und wenn ein autokratischer Staat demokratisch wird, stellt sein Beispiel wiederum einen Anreiz für andere Autokratien dar.

Dagegen ist der Versuch, eine Demokratie mit militärischen Mitteln zu etablieren, nicht nur widersprüchlich, sondern auch ineffizient, wie es die gescheiterte Außenpolitik George W. Bushs von 2002 an zeigte.

DIE SEMIDEMOKRATIEN, EINE BRÜCKE IN DIE ZUKUNFT?

Zwischen Demokratien und autoritären Regimen gibt es eine große Grauzone. Diese Regierungsformen, für die es verschiedene Bezeichnungen gibt (Semidemokratie, Hybriddemokratie oder Anokratie) stellen häufig eine Brücke zur Demokratie dar. Wenn sich eine Semidemokratie in eine andere Staatsform hin entwickelt, ist es öfter die der Demokratie (in 293 Fällen) als die einer Autokratie (in 121 Fällen).[8] Mehr noch, wenn sich eine Semidemokratie etabliert, ist der Ausgangspunkt zweieinhalb Mal öfter eine Autokratie (in 36 Fällen) als eine Demokratie (in 14 Fällen). Und die Wahrscheinlichkeit, dass sich eine Autokratie in eine Demokratie verwandelt, ist doppelt so groß, als dass eine Demokratie zu einer Autokratie wird.[9] Auf lange Sicht herrscht also die Tendenz zu demokratischem Fortschritt in der Welt.

Des Weiteren ist es wichtig, den Bezug zwischen Semidemokratien und Bürgerkriegen zu begreifen.[10] Die ersten Studien, die dazu durchgeführt wurden, kamen zu dem Ergebnis, dass die Staaten mit dieser Regierungsform eher zu einem Bürgerkrieg neigen als andere. Doch jüngere Untersuchungen nehmen einen präziseren Blickwinkel ein. In »stabilen« Semidemokratien ist das Risiko eines Bürgerkriegs nicht höher als bei anderen Staatsformen. Nur wenn eine Demokratie im Begriff ist, sich in eine Semidemokratie zu verwandeln, steigt die Wahrscheinlichkeit eines Bürgerkriegs, wohl weil der Verlust der Freiheit die Menschen dazu bringt, sich zu erheben. Umgekehrt ist der Übergang von einer Autokratie in eine Demokratie – also in Richtung mehr Freiheit – nicht mit inneren Unruhen verbunden.

GIBT ES KULTUREN, DIE MIT DER DEMOKRATIE INKOMPATIBEL SIND?

Manch einer lässt sich vielleicht zu der Meinung verleiten, dass manche Kulturen inkompatibel mit der Demokratie seien. Aber diese pessimistische Sichtweise ist irrig. In seinem Werk *La Démocratie des autres*[11] versammelt der indische Autor Amartya Sen, der 1998 mit dem Nobelpreis für Wirtschaftswissenschaften ausgezeichnet wurde, zahlreiche Beispiele von funktionierenden Demokratien in nichtwestlichen Kulturen. Im Übrigen braucht man nur einen Blick in die Vergangenheit zu werfen, um hoffnungsvoll in die Zukunft zu sehen. Früher galten Lateinamerika, Spanien und Portugal aufgrund der langen Geschichte ihrer autoritären Regime als für eine demokratische Entwicklung untaugliche Länder. Ein Irrtum, wie die heutige Realität beweist. Dem Politologen Arnaud Blin zufolge könnte »die angebliche Unvereinbarkeit von Islam und Demokratie in einigen Jahren als eine ebenso irrtümliche These widerlegt worden sein wie die zwischen Katholizismus und Demokratie«.[12]

VORSICHT IST WEITERHIN GEBOTEN

Die Demokratie hat in den Jahren 1975 bis 1985 eindeutig Fortschritte gemacht und noch mehr zwischen 1985 und 2006. Dagegen ging es in den beiden darauffolgenden Jahrzehnten mit der demokratischen Entwicklung spürbar langsamer voran. Im Klartext: Die Demokratisierung der Welt ist ins Stocken geraten.[13] Aber erinnern wir uns daran, dass auf die ersten beiden Demokratisierungswellen ebenfalls eine Zeit des Rückschritts folgte, ehe eine neue, mächtigere Welle kam.

Anmerkungen

1 Huntington, S. P. (1991), *The Third Wave. Democratization in the late twentieth century*, Norman, University of Oklahoma Press.

2 Genannt sei unter zahlreichen anderen Veröffentlichungen: Murtin, F. und Wacziarg, R. (2014) »The democratic transition«, *Journal of Economic Growth*, 19 (2), S. 141-181. Feng, Y. und Zak, P. J. (1999), »The determinants of democratic transitions«, *Journal of Conflict Resolution*, 43 (2), S. 162-177.

3 Traversa, F. (2015), »Income and the stability of democracy: Pushing beyond the borders of logic to explain a strong correlation?«, *Constitutional Political Economy*, 26 (2), S. 121-136. Feng und Zak, (1999), a.a.O.

4 Alemán, E. und Kim, Y. (2015), »The democratizing effect of education«, *Research and Politics*, 2 (4), S. 1-7. Glaeser, E., Ponzetto, G., und Shleifer, A. (2007), »Why does de-

mocracy need education?«, *Journal of Economic Growth*, 12 (2), S. 77-99.

5 Feng, Y. und Zak, P. J. (1999), a.a.O., S. 174.

6 Murtin, F. und Wacziarg, R. (2014), a.a.O., S. 173.

7 Gleditsch, K. S. und Ward, M. (2006), »Diffusion and the international context of democratization«, *International Organization*, 60 (4), S. 911-933.

8 Colomer, J. P., Banerjea, D. und de Mello, F. B. (2016), »To democracy through anocracy », *Democracy & Society*, 13 (1), S. 19-25.

9 Gleditsch, K. S. und Ward, M. (2006), ebd., S. 916.

10 Regan, P. M. und Bell, S. R. (2010), »Changing lanes or stuck in the middle: Why are anocracies more prone to civil wars?«, *Political Research Quarterly*, 63 (4), S. 747-759.

11 Sen, A. (2003), *La Démocratie des autres*, Paris, Rivages. (Anm. d. Ü.: Es handelt sich um die französische Übersetzung der beiden Texte: »Democracy as a universal value« und »Democracy and its global roots«).

12 Blin A. (2001), *Géopolitique de la paix démocratique*, Paris, *Éditions* Charles Léopold Mayer, S. 50.

13 Siehe die Januarausgabe 2015 des *Journal of Democracy*.

ENTWICKLUNG DER WELTBEVÖLKERUNG[1]
DER STARKE ANSTIEG IST DER ABNAHME DER HUNGERSNÖTE UND KRIEGE SOWIE EINER GERINGEREN KINDERSTERBLICHKEIT GESCHULDET

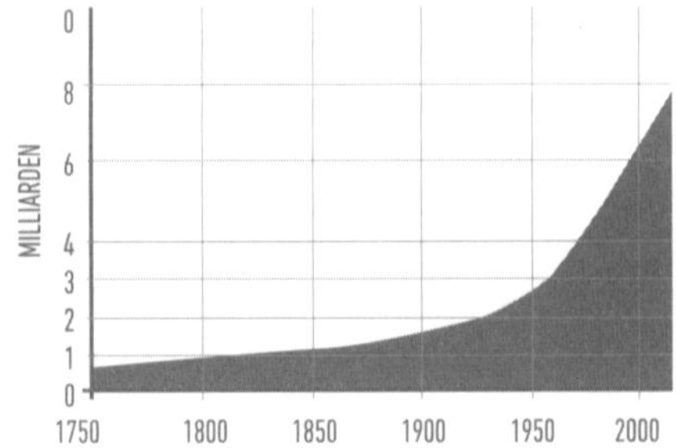

DIE WELTWEITE FRUCHTBARKEITSZIFFER[2]
HAT SICH IN DEN LETZTEN 50 JAHREN VON 5 AUF 2,5 KINDER VERRINGERT

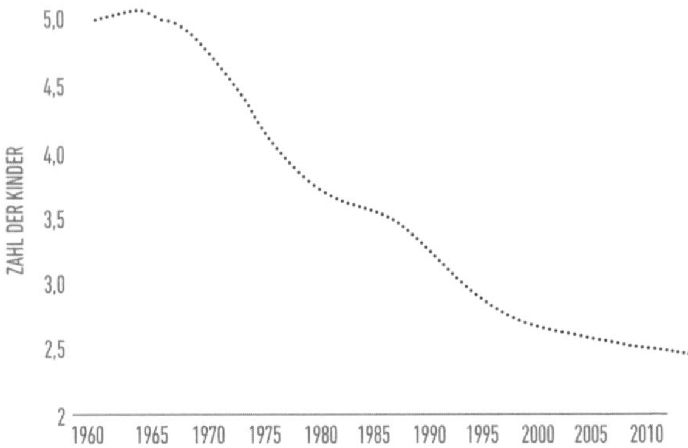

1 Rekacewicz, P. (2012), *World Population Development*, UNEP/GRID-Arendal.
2 Webseite der Weltbank (2014), Fertility Rate, total (births per woman).

Der demografische Kollaps ist ausgeblieben

Entgegen aller Kassandrarufe hat das Bevölkerungswachstum keine Katastrophen großen Maßstabs nach sich gezogen (riesige Hungersnöte, Kriege etc.).

Der Großteil der Länder befindet sich zurzeit in einem demografischen Übergang, der sich durch eine starke Reduzierung der durchschnittlichen Kinderzahl pro Familie auszeichnet.

DIE VORZÜGE KLEINERER FAMILIEN

Zwei wichtige Argumente, um Paare für eine Empfängniskontrolle zu gewinnen.

Ein glücklicheres Familienleben

Mehrere wissenschaftliche Aufsätze heben diese Tatsache hervor.[1] In kleinen Familien können Eltern einen größeren Teil ihrer finanziellen Mittel in die Gesundheit und Bildung ihrer Kinder investieren. Die Geburtenkontrolle senkt die Müttersterblichkeit um ein Drittel und die Kindersterblichkeit um 10%. Durch die Verhinderung ungewollter Schwangerschaften werden jährlich schätzungsweise 1,2 Millionen Kleinkinder vor dem Tod bewahrt.

Der Erhalt des Planeten Erde

Unser Planet erträgt keinen fortdauernden Geburtenanstieg.[2] Und ein noch größeres Problem als die Zahl der Menschen auf der Erde stellt die Höhe ihres Ressourcenverbrauchs dar, denn im Wohlstand lebende Menschen haben einen sehr viel höheren ökologischen Fußabdruck als Arme.[3] Indessen werden in dem Maß, wie der Lebensstandard der Bewohner von Entwicklungsländern steigt, die negativen Folgen für die Umwelt zunehmen.

EINE BEUNRUHIGENDE UND EINE BERUHIGENDE KURVE ...

Seit mehreren Jahrzehnten steigt die Weltbevölkerung kontinuierlich an, was Anlass zu Pessimismus geben könnte.

Doch hinter diesem demografischen Wachstum verstecken sich drei gute Nachrichten:

- *Massive Katastrophen für die Menschheit* sind entgegen der Horrorszenarien einiger Untergangspropheten bislang ausgeblieben (Hungersnöte, Kriege etc.; siehe Kapitel »Drei gute Gründe ...«). Die Welt hat die »Bevölkerungsbombe« überlebt[4], und die »demografische Apokalypse« wird nicht stattfinden.[5]

- *Die stark rückläufige Sterberate*, vor allem bei Kindern, ist die Hauptursache des Bevölkerungswachstums (siehe 6. Kapitel).
- *Der starke Rückgang der Fruchtbarkeitsziffer* während des letzten halben Jahrhunderts ist einmalig in der Geschichte der Menschheit. Von fünf Geburten im Jahr 1960 ist sie auf 2,5 Geburten im Jahr 2014 gesunken. Mit Ausnahme von Afrika ist sie in den Entwicklungsländern von sechs auf zwei Geburten gefallen.

URSACHEN FÜR DIESEN ERFOLG

Der »demografische Übergang« bezeichnet die Gesamtheit des Prozesses, der zu einem starken Rückgang der Fruchtbarkeitsziffer führt. Im Westen hat er zwei Jahrhunderte gedauert, während er sich im Rest der Welt mit einer wesentlich höheren Geschwindigkeit vollzieht, was zwei Faktoren geschuldet ist: einem Mentalitätswechsel und dem Engagement der verantwortlichen Politiker.

Mentalitätswandel

Zwei Soziologen der Universität Pennsylvania führten eine umfassende Studie durch, um die Gültigkeit mehrerer Theorien zu verifizieren, die die Veränderung des Verhaltens der Eltern betreffen.[6] Dabei kam heraus:

- Wenn die Kindersterblichkeit abnimmt, sinkt auch die Fruchtbarkeitsziffer. Irgendwie scheinen die Eltern dann instinktiv einer »Zwei-Kind-Psychologie« zu folgen und die Zahl ihrer Geburten auf das Ziel abzustimmen, dass alle ihre Kinder überleben.
- Je unabhängiger Frauen werden, desto weniger Kinder bekommen sie. Die Frauen mit einem hohen Freiheitsniveau wünschen sich im Allgemeinen eine kleine Familie, und es fällt ihnen leichter, mit ihrem Ehepartner darüber zu reden.
- Die These, dass Kinder einen ökonomischen Nutzen haben (wonach dieser mit dem Grad des Wohlstands der Eltern abnimmt, was ein Anreiz zu weniger Kindern wäre), erweist sich als widerlegt.

Heute ist hingegen die Vorstellung, dass eine kleinere Familie eine glücklichere ist, auf der Welt weit verbreitet. Eine in sechs Ländern mit unterschiedlichen Kulturen durchgeführte Befragung hat gezeigt, dass die Mehrheit der Eltern glaubt, dass eine geringere Anzahl Kinder pro Familie den Rückgang von Kinderkrankheiten und Kindersterblichkeit bewirkt und gleichzeitig den Lebensstandard erhöht, ebenso wie die Einschulungsquote, die gegenseitige Liebe und das Verständnis zwischen Kindern und Eltern.[7]

Das Engagement der verantwortlichen Politiker

Der demografische Übergang muss durch eine entsprechende Politik flankiert werden, vor allem durch Informationskampagnen und die Unterstützung bei der Familienplanung.[8] Die Zwangsmaßnahmen, die in einigen Ländern wie zum Beispiel Indien und China unternommen wurden, sind heutzutage glücklicherweise nicht mehr das Mittel der Wahl. Als besonders wirkungsvoll haben sich Aufklärungskampagnen auf kommunaler Ebene erwiesen, mit denen die Bevölkerung in abgelegenen Gebieten unterstützt wird, wo es so gut wie keine medizinische Versorgung gibt.[9] Im Rahmen von Dorfversammlungen oder Hausbesuchen versorgen Gesundheitsberater die Menschen mit Informationen zur Familienplanung, Prävention von sexuell übertragbaren Infektionen, zu pränataler Gesundheit und die der Mutter und des Neugeborenen. Diese Programme erhöhen den Gebrauch moderner Verhütungsmittel um ein Drei- bis Zehnfaches.

So überraschend es für manche sein mag, aber auch Länder mit überwiegend muslimischer Bevölkerung erleben zurzeit eine Periode des demografischen Übergangs. Zum Beispiel ist in den nordafrikanischen Ländern und jenen des Mittleren Ostens die Fruchtbarkeitsziffer von 6,9 Kindern pro Frau im Jahre 1960 auf 2,8 Kinder pro Frau im Jahr 2014 zurückgegangen. Eines der beeindruckendsten Beispiele stellt der Iran dar, wo die Fruchtbarkeitsziffer in dem genannten Zeitraum von 6,9 auf 1,7 sank.[10] Der oberste Religionsführer und sein Stab verkündeten, dass der Koran die Geburtenkontrolle nicht verbiete. Slogans wie »Ein besseres Leben durch weniger Kinder: zwei sind genug« waren auf Plakaten in den Straßen zu lesen oder wurden in Kinos ausgestrahlt.

VORSICHT IST WEITERHIN GEBOTEN

In den folgenden Jahrzehnten wird die Bevölkerung in Afrika südlich der Sahara weiterhin beträchtlich wachsen. Fast jedes Jahr sind 74 Millionen Frauen in Entwicklungsländern von ungewollten Schwangerschaften betroffen, von denen fast die Hälfte durch Abtreibung beendet wird.[11]

Das umgekehrte Problem ist in den westlichen und einigen asiatischen Ländern zu beobachten: Dort ist die Fruchtbarkeitsziffer nicht ausreichend hoch, um die Generationenerneuerung zu sichern (manche sprechen inzwischen vom »zweiten demografischen Übergang«). In Europa ist sie zwischen 1960 und 2014 von 2,6 Kindern pro Frau auf 1,5 zurückgegangen; in Nordamerika von 3,7 auf 1,8 Kinder pro Frau.

Anmerkungen

1 Cleland, J., Conde-Agudelo, A., Peterson, H., Ross, J. und Tsui, A. (2012), »Contraception and health«, *Lancet*, 380, S. 149-156. Cates, W., Jr. et al. (2010), »Family planning and the Millennium Development Goals«, *Science*, 329, S. 1603. Campbell, M., Cleland, J., Ezeh, A. und Prata, N. (2007), »Return of the population growth factor«, *Science*, 315, S. 1501-1502.

2 De Sherbinin, A., Carr D., Cassels S. und Jiang L. (2007), »Population and environment«, *Annual Review of Environmental Resources*, 32, S. 345-373. Luck, G. W. (2007), »A review of the relationships between human population density and biodiversity«, *Biological Reviews of the Cambridge Philosophical Society*, 82 (4), S. 607-645. Carr, D. L., Suter, L., Barbieri, A. (2005), »Population dynamics and tropical deforestation: State of the debate and con-

ceptual challenges«, *Population and Environment*, 27 (1), S. 89-113.

3 Angus, I. und Butler, S. (2014), *Une planète trop peuplée? Le mythe populationniste, l'immigration et la crise écologique*, Montréal, *Écosociété*. Pearce, F. (2011), *L'Apocalypse démographique n'aura pas lieu. 7 milliards d'hommes sur la planète, Paris, La Martinière. Satterthwaite*, D. (2009), »The implications of population growth and urbanization for climate change«, *Environment and Urbanization*, 21 (2), S. 545-567.

4 Lam, D. (2011), »How the world survived the population bomb: Lessons from 50 years of extraordinary demographic history«, *Demography*, 48 (4), S. 1231-1262.

5 Pearce (2011), a.a.O.

6 Sanderson, S. K. und Dubrow, J. (2000), »Fertility decline in the modern world and in the original demographic transition: Testing three theories with cross-national data«, *Population and Environment*, 21 (6), S. 511-537.

7 Thornton, A. et al. (2012), »International fertility change: New data and insights from the developmental idealism framework«, *Demography*, 49, S. 677-698.

8 Bongaarts, J. & Sinding, S. (2011), »Population policy in transition in the developing world«, *Science*, 333, S. 574-576.

9 Prata, N., Vahidnia, F., Potts, M. und Dries-Daffner, I. (2005), »Revisiting community-based distribution programs: Are they still needed?«, *Contraception*, 72 (6), S. 402-407.

10 Alaeddini, M. und López-Carr, D. (2015), »Why has Iran's family planning policy been so successful? Political, demographic, socio-economic and culturalgeographical underpinnings of a dramatic fertility transition«, *Rural Studies*, 38, S. 111-128. Abbasi-Shavazi, M. J. und McDonald, P. (2006), »The fertility decline in the Islamic Republic of Iran, 1972-2000«, *Asian Population Studies*, 2 (3), S. 217-237.

11 Singh, S., Sedgh, G. und Hussain, R. (2010), »Unintended pregnancy: Worldwide levels, trends, and outcomes«, *Studies in Family Planning*, 41 (4), S. 241-250.

2

... UND SIE ERFREUT SICH BESSERER GESUNDHEIT

48
Millionen

KINDER WURDEN DANK DER GESUNKENEN KINDERSTERBLICHKEITSRATE ZWISCHEN 2000 UND 2015 VOR DEM TOD BEWAHRT

DER BEEINDRUCKENDE RÜCKGANG DER KINDERSTERBLICHKEITSRATE
(PRO 1.000 LEBENDGEBURTEN)[1]

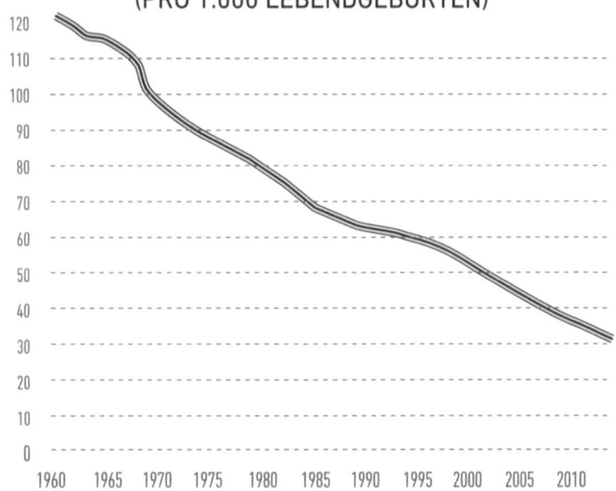

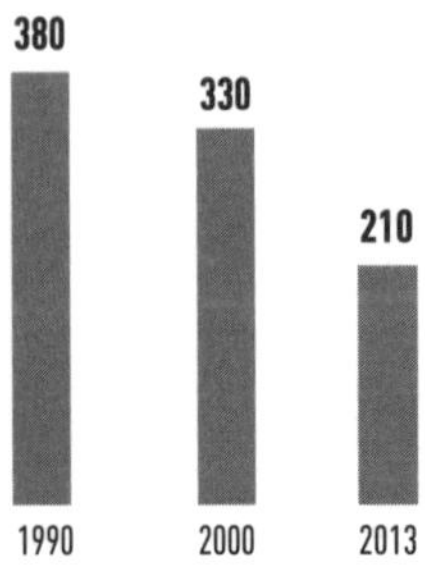

NOCH NIE IST DIE MÜTTERSTERBLICHKEITSRATE SO STARK GEFALLEN
ZAHL DER VERSTORBENEN MÜTTER IM ALTER VON 15 BIS 49 JAHREN (JE 1.000.000 LEBENDGEBURTEN)[2]

1 Webseite der Weltbank, data.worldbank.org (2014), *Mortality rate, infant (per 1.000 live births).*

2 UNO (2015), *Millenniums-Entwicklungsziele Bericht 2015,* New York, Vereinte Nationen, S. 38.

MÜTTER- UND KINDERSTERBLICHKEIT 6

Ein massiver Rückgang

Mütter- und Kindersterblichkeit haben sich zwischen 1990 und 2015 halbiert.

Zum ersten Mal in der Geschichte der Menschheit kann die Welt einer Zukunft entgegensehen, in der Frauen, die ein Kind gebären, und Kinder unter fünf Jahren auf der ganzen Welt die gleichen Überlebenschancen haben.

DER RÜCKGANG WAR NOCH NIE SO STARK

Die weltweite Kindersterblichkeitsrate sank zwischen 1990 und 2015 um etwas mehr als die Hälfte, von 90 auf 43 Sterbefälle je 1.000 Lebendgeburten.[1] Das hat die Vereinten Nationen dazu veranlasst, 2015 zu erklären, »die Kindersterblichkeitsraten sinken rascher als je zuvor«.[2]

Im Zeitraum von 2000 bis 2015 wären 48 Millionen Kinder unter fünf Jahren gestorben, wäre die Kindersterblichkeitsrate auf dem Niveau von 2000 geblieben.[3] Zwar haben die Länder in Afrika südlich der Sahara die höchste Kindersterblichkeitsrate der Welt, doch ist in dieser Region in den letzten beiden Jahrzehnten der stärkste Rückgang zu verzeichnen: von 179 Sterbefällen je 1.000 Lebendgeburten im Jahr

1990 auf 86 Sterbefälle im Jahr 2015. Einige Länder verzeichnen beeindruckende Ergebnisse: Zum Beispiel reduzierte sich in Brasilien die Kindersterblichkeit zwischen 1990 und 2015 um 73%.[4]

Was die Müttersterblichkeitsrate betrifft, so hat sie sich seit 1990 weltweit fast halbiert, wobei die meisten Fortschritte seit 2000 erzielt wurden.[5]

UNO-Generalsekretär Ban Ki-moon erkärte 2015, »Wir haben es in der Hand, gemeinsam der Sterblichkeit von Frauen, Kindern und Jugendlichen überall auf der Welt vorzubeugen und eine Welt zu erschaffen, in der zum ersten Mal in der Geschichte der Menschheit alle gesund aufwachsen und sich entfalten können«[6].

DIE GRÜNDE FÜR DEN ERFOLG

Die Einbeziehung von Experten

Der Kampf gegen die Müttersterblichkeit, in den 1970er-Jahren ein nahezu gänzlich vernachlässigtes Thema, ist heute weltweit ein wichtiger Bestandteil der Public Health. Dieser bedeutende Bewusstseinswandel ist mehreren Menschen zuzuschreiben, die die Regierungen und Organisationen von der Wichtigkeit der Frauenrechte überzeugt haben.[7]

Auch die Rate der totgeborenen Kinder wurde von den Gesundheitspolitikern lange ignoriert.[8] Doch ab den 2000er-Jahren haben Forscher dieses Problem zunehmend in den Vordergrund gerückt, und es ist ihnen gelungen, einen Bewusstseinswandel einzuleiten und die Regierungen und Organisationen für dieses Thema zu gewinnen.

Das Bildungsniveau der Mütter

Auch in Sachen Bildung wurden in den letzten zwanzig Jahren beträchtliche Fortschritte erzielt (siehe Kapitel 3), was sich wiederum positiv auf die Fürsorge auswirkt, die den Kindern zukommt. Einer vergleichenden Gegenüberstellung verschiedener Studien zufolge hat eine verbesserte Schulbildung unter den Frauen dazu geführt, dass zwischen 1970 und 2009 der Tod von 4,2 Millionen Kindern verhindert wurde.[9] Diese Entwicklung wird sich vermutlich noch verstärken, da die heutigen Mädchen in den Entwicklungsländern eine bessere Schulbildung genossen haben als ihre Mütter und Großmütter. Das wird einhergehen mit einer rückläufigen Fruchtbarkeitsziffer (siehe Kapitel 5). Es werden also weniger Kinder geboren werden, die wiederum gesünder aufwachsen.

Das Stillen

Ein vergleichender Forschungsüberblick hat ergeben, dass das Stillen die Sterblichkeit unter Neugeborenen um 44% reduzieren kann.[10] Sowohl die Weltgesundheitsorganisation (WHO) als auch die UNICEF empfehlen, Kinder während der ersten sechs Monate ausschließlich durch Stillen zu ernähren.[11] In dieser Hinsicht ist der Einsatz von Gesundheitshelfern in ländlichen Gebieten besonders wirkungsvoll. Einer systematischen Übersicht der einschlägigen Literatur zufolge ist die Wahrscheinlichkeit, dass Mütter stillen, bei den Frauen, die beratende Unterstützung erhalten, sechs Mal höher als bei den Müttern, die auf sich allein gestellt sind.[12]

Die Arbeit der Gesundheitshelfer

Die Länder, die die schnellsten und größten Fortschritte gemacht haben, sind jene, in denen dank der Gesundheitshelfer die ärmsten Familien erreicht werden.[13] Die Helfer besuchen die Familien und beraten die Mütter in Sachen Gesundheit, versorgen die Schwangeren mit Eisen- und Vitamin-B9-Präparaten und behandeln leichtere Krankheiten. Zwei Literaturüberblicke zeigen, dass die Tätigkeit der Gesundheitshelfer eine durchschnittliche Verringerung der Kindersterblichkeit um ein Viertel bewirkt, wobei die einzelnen Studien erhebliche Unterschiede bei den Ergebnissen aufweisen (zwischen 0% und 50%).[14] Würde der Einsatz kommunaler Gesundheitshelfer auf die gesamte Bevölkerung der 73 am wenigsten entwickelten Länder der Erde ausgeweitet werden, könnte dies jährlich den Tod von 3,6 Millionen Kindern unter fünf Jahren verhindern, also fast die Hälfte aller aktuellen Todesfälle.[15]

VORSICHT IST WEITERHIN GEBOTEN

Die Zahl der Sterbefälle ist nach wie vor hoch. Jedes Jahr sterben vorzeitig 290.000 Mütter und fast sechs Millionen Kinder unter fünf Jahren.

Anmerkungen

1 UNO (2015), *Millenniums-Entwicklungsziele Bericht 2015,* New York, Vereinte Nationen, S. 33.

2 Ebd., S. 35

3 You, D. et al. (2015), »Global, regional, and national levels and trends in under-5 mortality between 1990 and 2015, with scenario-based projections to 2030: A systematic analysis by the UN Inter-agency Group for Child Mortality Estimation, *Lancet*, 386, S. 2275-2286 (S. 2283).

4 Ebd., S. 2284.

5 UNO (2015), ebd., S. 6.

6 UN (2015), *The Global Strategy for Women's, Children's and Adolescents' Health* (2016-2030). *Survive, Thrive, Transform*, New York, United Nations, S. 5.

7 Smith, S. L. und Rodriguez, M. A. (2016), »Agenda setting for maternal survival: The power of global health networks and norms«, *Health Policy and Planning*, 31 (suppl. 1), S. 48-59.

8 Dieser Abschnitt beruht auf folgenden Veröffentlichungen: de Bernis L. et al. (2016), »Stillbirths: Ending preventable deaths by 2030«, *Lancet*, 387, S. 703-716. Shiffman, J. et al. (2016), »The emergence and effectiveness of global health networks: Findings and future research«, *Health Policy and Planning*, 31 (suppl. 1), S. 110-123. Shiffman J. (2010), »Issue attention in global health: The case of newborn survival«, *Lancet*, 375, S. 2045-2049.

9 Gakidou, E., Cowling, K., Lozano, R. und Murray, C. J. (2010), »Increased educational attainment and its effect on child mortality in 175 countries between 1970 and 2009 : A systematic analysis«, *Lancet*, 376, S. 959-974.

10 Debes, A. K., Kohli, A., Walker, N., Edmond, K. und Mullany, L. C. (2013), »Time to initiation of breastfeeding and neonatal mortality and morbidity: A systematic review«, *BMC Public Health*, 13 (suppl. 3), S19, S. 1-14.

11 Webseite der WHO-UNICEF (2016), *Infant and young child feeding*, WHO.

12 Hall, J. (2011), »Effective community-based interventions to improve exclusive breast feeding at four to six months in low- and low-middle-income countries: A systematic review of randomised controlled trials«, *Midwifery*, 27 (4), S. 497-502.
13 Victora, C. G. et al. (2012), »How changes in coverage affect equity in maternal and child health interventions in 35 Countdown to 2015 countries: An analysis of national surveys«, *Lancet*, 380, S. 1149-1156.
14 Lassi, Z. S. und Bhutta, Z. A. (2015), »Community-based intervention packages for reducing maternal and neonatal morbidity and mortality and improving neonatal outcomes«, *Cochrane Database of Systematic Reviews*. Gogia, S. et al. (2011), »Community based newborn care: A systematic review and metaanalysis of evidence. Unicef-PHFI series on newborn and child health, India«, *Indian Pediatrics*, 48 (7), S. 537-546.
15 Perry, H. und Zulliger, R. (2012), *How effective are community health workers. An overview of current evidence with recommendations for strengthening community health worker programs to accelerate progress in achieving the health-related Millennium Development Goals*, Baltimore, Johns Hopkins Bloomberg School of Public Health.

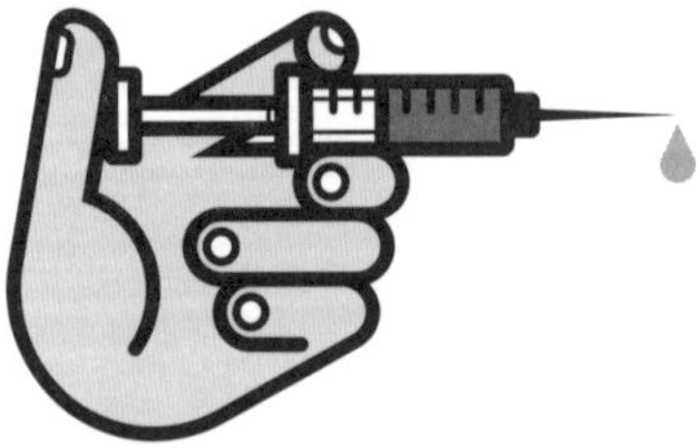

DIE AUSROTTUNG DER POCKEN[1]

DIE POCKEN SIND DANK DER ENTWICKLUNG EINES IMPFSTOFFS UND EINER GROSSANGELEGTEN INTERNATIONALEN KOOPERATION VON DER ERDE VERSCHWUNDEN

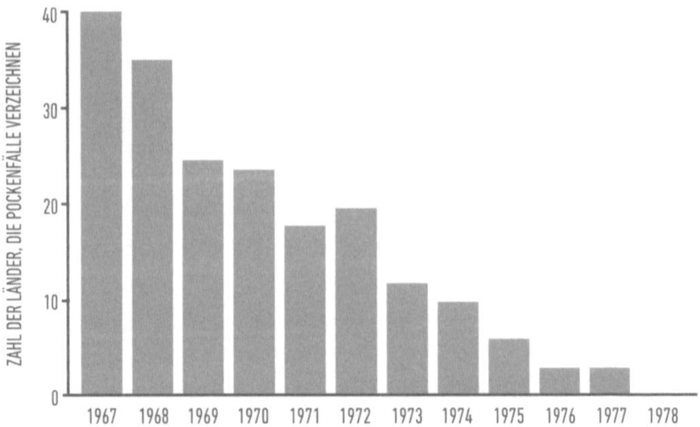

1 Foster, S. O. (1978), »Participation of the public in global smallpox eradication«, *Public Health Reports*, 93, S. 147-149 (S. 147).

POCKEN 7

Beinahe schon in Vergessenheit geraten[1]

»Die Ausrottung der Pocken zeigt, dass man im Rahmen eines groß angelegten gemeinschaftlichen Projekts mit unerschütterlicher Entschlossenheit und internationalem Solidaritätssinn auf dem Gebiet der Public Health weltweit ambitionierte Ziele erreichen kann«[2], erklärte Margaret Chan, Generalsekretärin der Weltgesundheitsbehörde (WHO) aus Anlass des 30. Jahrestags der weltweiten Ausrottung der Pocken. Dieser Erfolg wurde trotz bisweilen widriger Umstände erreicht (Kriege, Hungersnöte, Naturkatastrophen).

DIE AUSROTTUNG EINES ÜBELS

Die Pocken hatten auf der ganzen Welt Angst und Schrecken verbreitet und mehrere Millionen Tote oder Menschen mit entstellten Gesichtern zurückgelassen. 1966 startete die WHO schließlich eine großangelegte Impfkampagne mit dem Ziel, die Krankheit zu besiegen. Trotz einiger Erfolge gelang der globale Vernichtungszug gegen die Seuche zunächst nicht, was die WHO dazu bewogen hat, ihre Strategie zu überarbeiten. Der erste Schritt bestand darin, das Vorgehen der Gesundheitshelfer vor Ort zu analysieren. Zum Beispiel stellte man in Indien fest, einem der Länder, wo die Kampagne besonders eklatant gescheitert war, dass die Helfer von ihren Vorgesetzten bestraft wurden, wenn es ihnen nicht gelang, den Ausbruch der Krankheit zu verhindern. Folglich vermieden Erstere es, neue Fälle zu melden, aus Angst, ihren Arbeitsplatz zu verlieren.

Darüber hinaus standen die Gesundheitshelfer unter enormem Zeitdruck, um die ihnen vorgegebene Zahl an Massenimpfungen durchzuführen, was sie dazu verleitete, ihre Aktionen auf die wichtigsten und leicht zugänglichen Gruppen zu konzentrieren, wie zum Beispiel Schüler oder Erwachsene, die gern bereit waren, sich den Intervallimpfungen zu unterziehen, und dabei die Bevölkerung in den entlegenen Gebieten zu übergehen.

Daraufhin arbeitete die WHO eine völlig andere Strategie aus, die darin bestand, die Gesundheitshelfer für jeden weiteren neuen Fall, den sie meldeten, finanziell zu belohnen. In der Folge strömten diese in die Dörfer aus, durchkämmten die großen Märkte, sprachen mit Religionsführern, Nomaden und Flüchtlingen und zeigten ihnen das amtliche Dokument, das sie zur Registrierung neuer Pockenfälle berechtigte. Auf diese Weise waren vierköpfige Teams binnen zwei bis drei Stunden in der Lage, 80% der Fälle von Pockenerkrankungen im Umkreis von 35 Kilometern zu entdecken. Anschließend gingen sie von Tür zu Tür, um die Personen, die zu den Risikogruppen zählten, zu impfen. Allein in Indien und Bangladesch erfolgten ungefähr eine Milliarde Besuche bei den Familien.

GRÜNDE FÜR DEN ERFOLG

Die wichtigsten Faktoren lassen sich in zwei Kategorien einteilen:

Die Faktoren, die mit der Krankheit zusammenhängen

- Die an Pocken erkrankten Menschen ließen sich anhand der Narben im Gesicht leicht identifizieren.
- Bei Pocken handelt es sich um eine ausschließlich Menschen befallende Krankheit. Es gibt kein tierisches Virusreservoir – anders als bei Gelbfieber oder Pest –, und die Übertragung erfolgt auch nicht durch Insekten, wie zum Beispiel bei Malaria.
- Pocken sind nicht besonders ansteckend.
- Menschen, die die Pocken überlebt haben, sind ihr Leben lang immun und riskieren keine Neuansteckung.
- In den 1950er-Jahren wurde ein wirksamer, temperaturunempfindlicher Impfstoff entwickelt, der in der ganzen Welt eingesetzt werden konnte.

Beherztes menschliches Handeln

- Von den 1960er-Jahren an gelang es, ein hohes Maß an Engagement und internationaler Kooperation auf die Beine zu stellen. Vor allem muss das unermüdliche Engagement von Donald A. Henderson erwähnt werden, dem Epidemiologen und Leiter der Impfkampagne, das letztlich zur Ausrottung der Pocken führte.

- Die Gesundheitshelfer, die auch noch so abgelegene Dörfer aufsuchten, mitunter unter schwierigsten Bedingungen wie zum Beispiel Bürgerkriegen.

Anmerkungen

1 Dieses Kapitel beruht auf folgenden Veröffentlichungen: Ježek, Z., Khodakevich, L. N. und Wickett, J. F. (1987), »La variole et la surveillance après éradication«, *Bulletin de l'Organisation mondiale de la santé,* 65 (5), S. 589-598. Fenner, F. (1982), »A successful eradication campaign: Global eradication of smallpox«, *Reviews of Infectious. Diseases*, 4 (5), S. 916-930. OMS (1979), *L'Éradication mondiale de la variole. Rapport final de la Commission mondiale pour la Certification de l'éradication de la variole*, Genf, OMS. Foster, S. O. (1978), »Participation of the public in global smallpox eradication«, *Public Health Reports*, 93 (2), S. 147-149.

2 OMS (17. Mai 2010), »Une sculpture commémore le 30e anniversaire de l'éradication de la variole«, Genf.

DIE ZAHL DER NEUINFEKTIONEN
IST ZWISCHEN 2000 UND 2013 UM 40% ZURÜCKGEGANGEN.[1]

3,5	**2,1**
Millionen	**Millionen**

in 2000	**in 2013**

ZAHL DER MENSCHEN, DIE EINE ANTIRETROVIRALE THERAPIE ERHIELTEN[2]

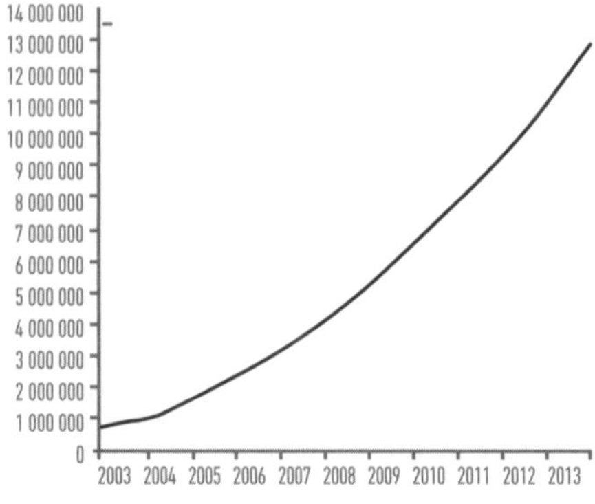

1 UNO (2015), *Millenniums-Entwicklungsziele – Bericht 2015*, New York, Vereinte Nationen, S. 44.

2 Piot, P. et al. (2015), »Defeating AIDS-Advancing global health«, *Lancet*, 386, S. 171-218 (S. 175).

Die Epidemie nimmt seit mehr als zwanzig Jahren ab

Zwischen 2005 und 2013 gingen die AIDS-bedingten Todesfälle um 35% zurück[1], während die Neuinfektionen durch HIV zwischen 2000 und 2013 ungefähr um 40% abnahmen, von 3,5 auf 2,1 Millionen Fälle.[2] In einigen Regionen der Erde kommt es quasi zu keiner Virusübertragung im Mutterleib mehr.

Afrika südlich der Sahara ist noch immer das am meisten von Aids betroffene Gebiet der Erde, doch auch dort sind bemerkenswerte Fortschritte zu verzeichnen. So gibt es in Südafrika, dem Land mit den meisten von dieser Krankheit infizierten Menschen, in absoluten Zahlen den höchsten Rückgang an Neuinfektionen – im Jahr 2013 98.000 weniger als noch 2010.[3]

Doch trotz dieser Fortschritte bleibt Südafrika mit 1.000 Neuinfektionen jährlich eines der am meisten von Aids betroffenen Länder.

Zwar steigt die Zahl der an diesem Virus erkrankten Menschen zurzeit noch, doch das ist vor allem der Tatsache geschuldet, dass weniger Personen an der Krankheit sterben.

Diese weltweite Entwicklung zieht logischerweise auch eine Verringerung der durch Aids bedingten Waisenfälle nach sich.

GRÜNDE FÜR DEN ERFOLG

Diese bemerkenswerten Fortschritte verdanken sich mehreren Faktoren.

Prävention

Der Gebrauch von Präservativen, vor allem von Homosexuellen, war eines der sichersten Präventionsmittel, noch bevor wirksame Medikamente entwickelt wurden, und ist es noch immer. Einer der bemerkenswertesten Erfolge ist in Thailand zu verzeichnen, wo der massive Kampf gegen Aids (durch gezielte Informationen zur Übertragung der Krankheit und die Verteilung von Präservativen) das Infektionsrisiko von 100% im Jahr 1985 auf 10% in 1994 und 3% in 2003 zurückging.[4]

Antiretrovirale Medikamente

Die Entdeckung antiretroviraler Medikamente gegen Ende der 1990er-Jahre hat die Aids-Therapie grundlegend verändert. Sie verlangsamen die Multiplikation des Virus dermaßen, dass er in Blut und Sperma nicht mehr nachweisbar ist, und verhindern eine Ansteckung des ungeborenen Babys im Mutterleib.

2014 erhielten 13,6 Millionen Menschen eine antiretrovirale Behandlung, was einen beachtlichen Anstieg gegenüber den 800.000 Personen im Jahr 2003 bedeutet. Vor allem Afrika, der am stärksten betroffene Kontinent, hat naturgemäß am meisten von der massiven Verteilung dieser Medikamente profitiert.

Die Rolle der Interessengruppen

Die Aktivisten haben erfolgreich Druck auf die Regierungen ausgeübt, ebenso wie auf Pharmaunternehmen, damit diese ihre Forschungsanstrengungen erhöhen. Zum Beispiel verabschiedete Nelson Mandela Ende der 1990er-Jahre ein Arzneimittelgesetz, das den Rahmen für radikale Preissenkungen für retrovirale Medikamente und Kontrollen der Pharmaimporte schuf.[5] Daraufhin erhoben 41 Pharmaunternehmen Klage wegen Patentrechtsverletzungen gegen die südafrikanische Regierung. Der amerikanische Handelsattaché drohte dem Land Wirtschaftssanktionen an, sollte es die Forderungen der amerikanischen Pharmaunternehmen nicht erfüllen. Doch die Medienwirksamkeit der weltweiten Informationskampagne seitens einiger NGOs brachte die Unternehmen dazu, ihre Klage zurückzuziehen.

Die Rolle der Community-Health-Arbeit

Diese Form des Engagements erweist sich bei der Bekämpfung von Aids als besonders nützlich.[6] Die Helfer versorgen die Betroffenen und ihre Familien mit Ratschlägen und Informationen zur Krankheit, zu deren Vorbeugung und Therapie. Nicht selten sind diese Menschen selbst von der Krankheit betroffen oder stehen Betroffenen nah, sodass sie die Probleme und Sorgen der Kranken gut verstehen können.

Laut einer in Südafrika durchgeführten Studie war die Community-Health-Unterstützung der wichtigste Faktor für die Behandlungserfolge.[7] Diese Form der Gesundheitshilfe gliedert sich in drei Kategorien: Die Arbeit der Gesundheitshelfer, Selbsthilfegruppen von Erkrankten und die Unterstützung durch einen Freund, der dem Betroffenen während der Therapie beisteht: ein ihm Nahestehender (Verwandter oder Freund), der Informationsveranstaltungen besucht und dem Patienten bei der Behandlung zur Seite steht.

VORSICHT IST WEITERHIN GEBOTEN

Nachdem sich die Situation von Mitte der 1990er-Jahre an deutlich verbesserte, scheint der Kampf gegen Aids zurzeit zu stagnieren.

In einigen Ländern steigt die Zahl der Neuinfizierungen wieder. Am problematischsten ist die Situation in Indonesien, wo sich die Zahl neuer Fälle zwischen 2005 und 2013 um 48% erhöhte.

Trotz einiger Fortschritte bleibt Südafrika mit mehr als 1.000 Neuinfizierten täglich eines der am stärksten von Aids betroffenen Länder.

Man hat festgestellt, dass Menschen, die allzu sehr auf die Wirksamkeit der antiretroviralen Medikamente vertrauen, dazu neigen, mehr Risiken bei ihren sexuellen Praktiken einzugehen.[8]

Es wird immer offensichtlicher, dass der Kampf gegen die Krankheit nur dann nachhaltigen Erfolg haben kann, wenn man die sozialen Ursachen wie Armut, Analphabetismus etc. angeht.[9]

Anmerkungen

1 Piot, P. et al. (2015), »Defeating AIDS: Advancing global health«, *Lancet,* 386, S. 171-218 (S. 175).

2 UNO (2015), *Millenniums-Entwicklungsziele – Bericht 2015*, New York, Vereinte Nationen, S. 44.

3 Ebd., S. 45.

4 Park, L. S. et al. (2010), »HIV transmission rates in Thailand: Evidence of HIV prevention and transmission decline«, *Journal of Acquired Immune Deficiency Syndromes,* 54 (4), S. 430-436.

5 Drahos, P. und Braithwaite, J. (2004), »Une hégémonie de la connaissance. Les enjeux des d.bats sur la propriété intellectuelle«, *Actes de la recherche en sciences sociales,* S. 151-152, S. 69-79.

6 Wringe, A., Cataldo, F., Stevenson, N. und Fakoya, A. (2010), »Delivering comprehensive home-based care programmes for HIV: A review of lessons learned and challenges ahead in the era of antiretroviral therapy«, *Health Policy Plan*, 25 (5), S. 352-362. Farmer, P. et al. (2001), »Community-based treatment of advanced HIV disease: Introducing DOT-HAART (directly observed therapy with highly active antiretroviral therapy)«, *Bulletin of the World Health Organization*, 79 (12), S. 1145-1151.

7 Wouters, E. et al. (2009), »Public-sector ART in the Free State Province, South Africa: Community support as an important determinant of outcome«, *Social Science & Medicine*, 69 (8), S. 1177-1785.

8 MacKellar, D. A. et al. (2011), »HIV/AIDS complacency and HIV infection among young men who have sex with men, and the race-specific influence of underlying HAART beliefs«, *Sexually Transmitted Diseases*, 38 (8), S. 755-763.

9 MacKellar, D. A. et al. (2011), »HIV/AIDS complacency and HIV infection among young men who have sex with men, and the race-specific influence of underlying HAART beliefs«, *Sexually Transmitted Diseases*, 38 (8), S. 755-763.

DIE ZAHL DER MALARIA-TOTEN SANK ZWISCHEN 2000 UND 2015 WELTWEIT UM

60%[1]

IN AFRIKA SÜDLICH DER SAHARA STIEG DIE ZAHL DER KINDER, DIE UNTER EINEM MOSKITONETZ SCHLAFEN, VON WENIGER ALS

2% auf 68%[2]

IN 2000 **IN 2015**

1 WHO (2015), *World Malaria Report 2015*, Genf, WHO, S. 8.

2 Ebd xx.

Die Ausrottung von Malaria rückt in greifbare Nähe

Die Sterbefälle durch Malaria sanken zwischen 2000 und 2015 um 60%. 1,2 Milliarden Erkrankungen und 6,2 Millionen Todesfälle konnten vermieden werden.[1]

Einst auf der ganzen Erde verbreitet, wurde die Malaria in 111 Ländern ausgemerzt. 35 Länder sind auf dem Weg zu diesem Ziel. Es werden beständig Fortschritte gemacht.

Die meisten Malaria-Todesopfer hat Afrika zu verzeichnen (90%), aber dort werden auch die schnellsten Fortschritte erreicht. War die Malaria in Afrika südlich der Sahara einmal Kindersterblichkeitsursache Nummer eins, rangiert sie heute mit 10% aller Todesfälle auf dem ganzen Kontinent auf dem vierten Platz.

DIE GRÜNDE FÜR DEN ERFOLG

Die beeindruckenden Ergebnisse, die im Lauf der letzten fünfzehn Jahre erzielt wurden, lassen sich folgendermaßen erklären:

Die Erhöhung der finanziellen Mittel

Die internationalen Geldmittel zur Bekämpfung der Malaria haben sich seit 2000 verzehnfacht. Den wichtigsten Beitrag haben dabei Bill und Melinda Gates geleistet, die mehrere Millionen Dollar spendeten. Noch vor etwas mehr als zehn Jahren wäre es als naiv oder illusorisch erschienen, die Ausrottung von Malaria in den Blick zu nehmen.[2] Im Oktober 2007 verkündeten Bill und Melinda Gates im Rahmen einer Rede vor 300 verantwortlichen Politikern und Malariaforschern: »Wir werden in unseren Anstrengungen nicht nachlassen, ehe die Malaria ausgemerzt ist.«[3]

Die Forschung

stellt einen wichtigen Pfeiler dar und richtet ihre Anstrengungen im Wesentlichen auf folgende drei Ziele:

- Die *Bekämpfung des Plasmodium-Parasiten*, des Erregers der Krankheit, durch eine Behandlung auf der Basis von Artemisinin, einer aus dem in China beheimateten Einjährigen Beifuß gewonnenen Substanz. Im Jahr 2006 wurden 100 Millionen Dosen verabreicht, im Jahr 2003 waren es noch drei Millionen.
- Die *Bekämpfung der Anopheles-Mücken* durch den Gebrauch von Moskitonetzen, die mit dem Insektizid Pyrethroiden imprägniert wurden, und zwar in für den Menschen und Säugetiere unbedenklicher Dosierung.[4] In Afrika südlich der Sahara ist die Zahl der Kinder, die unter einem Moskitonetz schlafen, von weniger als 2% im Jahr 2000 auf 68% in 2015 gestiegen.
- *Die Entwicklung eines wirksamen Impfstoffs.*

Die internationale Zusammenarbeit

… ist unverzichtbar. Je zahlreicher die Länder, in denen die Malaria ausgemerzt wurde, desto geringer das Risiko, dass sie die Krankheit an ihre Nachbarn weitergeben. Denn selbst wenn ein Land über Jahre hinweg ein intensives Malaria-Bekämpfungsprogramm verfolgt und bemerkenswerte Ergebnisse erzielt, ein Nachbarland jedoch nur begrenzte Anstrengungen unternimmt, besteht nach wie vor das Risiko der Übertragung durch Reisende. Daher ist ein konzertiertes, dauerhaftes Handeln unabdingbar.

Eine sich auf 35 Länder erstreckende Studie über den Kampf gegen die Malaria zeigt, wie wichtig eine solche Kooperation ist, weil sie die Länder dazu anspornt, sich kollektiv ehrgeizigere Ziele zu setzen als die individuellen, die sie zuvor verfolgt hatten.

Die Arbeit der Gesundheitshelfer

Wie beim Staffellauf ist auch hier das letzte Glied das entscheidende.[5] Meistens üben die Mütter die Funktion der Gesundheitshelfer im Kampf gegen Malaria aus, denn sie genießen den höchsten Respekt in den Dörfern. Sie sind unverzichtbar, wenn es darum geht, neue Malariafälle zu entdecken, selbst bei Menschen, die keine Symptome zeigen.[6] Laut einer weiteren, in Äthiopien durchgeführten Studie sank die malariabedingte Sterblichkeit von Kindern unter fünf Jahren um 40%, wenn die Mütter durch Gesundheitshelfer beraten wurden.[7] Allerdings variieren die Ergebnisse der einzelnen Studien, je nach Qualität der von den Gesundheitshelfern geleisteten Aufklärungsarbeit.[8]

VORSICHT IST WEITERHIN GEBOTEN

Trotz dieser Fortschritte stellt die Malaria mit weltweit 214 Millionen Erkrankungen und durchschnittlich 438.000 Todesfällen im Jahr 2015 noch immer eines der größten Probleme der öffentlichen Gesundheit dar. Sie ist nach wie vor die Hauptursache der Kindersterblichkeit, vor allem in Afrika südlich der Sahara. Alle zwei Minuten stirbt ein Kind an Malaria.

Es besteht das Risiko, dass, sobald Malariaerkrankungen in einem bestimmten Land auf ein sehr niedriges Niveau sinken, die Anstrengungen nachlassen, da sie dann nicht länger eine Bedrohung für die öffentliche Gesundheit darstellen, sodass erneut ein Anstieg der Krankheitsfälle droht.[9]

In einigen Regionen der Erde haben Stechmücken Resistenzen gegen die gebräuchlichen Insektizide gebildet, und die Forscher sehen sich vor die Aufgabe gestellt, neue Mittel zu entwickeln.[10]

Anmerkungen

1 WHO (2015), World Malaria Report 2015, Genf, WHO, p. xx.

2 Liu, J., Modrek, S., Gosling, R. D. und Feachem, R. G. A. (2013), »Malaria eradication: Is it possible? Is it worth it? Should we do it?«, *Lancet Global Health*, 1, S. e2-e3.

3 Bill & Melinda Gates Foundation Press Room (2007), »Bill and Melinda Gates call for new global commitment to chart a course for malaria eradication.«

4 Lengeler, C. (2009), »Insecticide-treated bed nets and curtains for preventing malaria (Review)«, The Cochrane Collaboration.

5 Atkinson, J. A., Vallely, A., Fitzgerald, L., Whittaker, M. und Tanner, M. (2011), »The architecture and effect of participation: A systematic review of community participation for communicable disease control and elimination. Implications for malaria elimination«, *Malaria Journal*, 10, S. 225.

6 Counihan, H. et al. (2012), »Community health workers use malaria rapid diagnostic tests (RDTs) safely and accurately: Results of a longitudinal study in Zambia«, *The American Journal of Tropical Medicine and Hygiene*, 87 (1), S. 57-63. Mubi, M. et al. (2011), »Malaria rapid testing by community health workers is effective and safe for targeting malaria treatment: Randomised cross-over trial in Tanzania«, *PLoS ONE*, 6 (7), e19753, S. 1-8.

7 Kidane, G. und Morrow, R. H. (2000), »Teaching mothers to provide home treatment of malaria in Tigray, Ethiopia: A randomised trial«, *Lancet*, 356, S. 550-555.

8 Hopkins, H., Talisuna, A., Whitty, C. J. und Staedke, S. G. (2007), »Impact of home-based management of malaria on health outcomes in Africa: A systematic review of the evidence«, *Malaria Journal* 6, S. 134.

9 Cohen, J. M. et al. (2012), »Malaria resurgence: A systematic review and assessment of its causes«, *Malaria Journal*, 11, S. 122.

10 Hemingway J. et al. (2016), »Averting a malaria disaster: Will insecticide resistance derail malaria control?«, *Lancet*, 387, S. 1785-1788.

3

UMWELT: MAN KOMMT VORAN

PRODUKTE MIT OZONABBAUENDEN STOFFEN SIND VOM MARKT VERSCHWUNDEN[1]

DER VERBRAUCH VON PRODUKTEN MIT SUBSTANZEN, DIE ZUM ABBAU DER OZONSCHICHT FÜHREN, WURDE INNERHALB VON ETWAS MEHR ALS 20 JAHREN FAST GÄNZLICH EINGESTELLT.

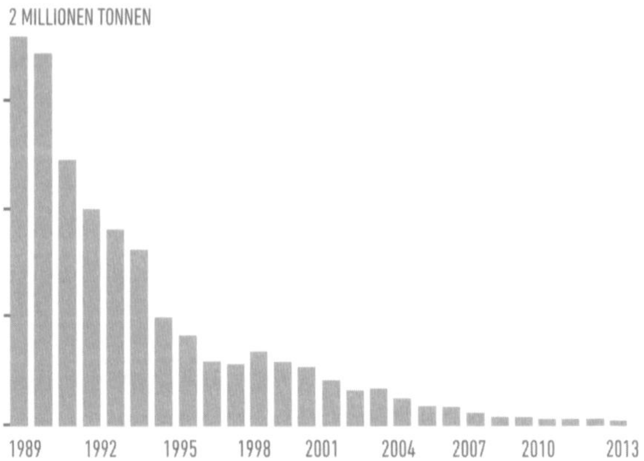

Im Jahr 2050

WIRD SICH DIE OZONSCHICHT IN WEITEN TEILEN DER ERDE VÖLLIG REGENERIERT HABEN.

1 United Nations Environment Programme (2015), *Annual Report 2014*, Nairobi, PNUE, S. 37.

OZONSCHICHT 10

Sie regeneriert sich![1]

Die Industrie produziert so gut wie keine Stoffe mehr, die zum Abbau der Ozonschicht beitragen. Diese wird sich voraussichtlich noch vor 2050 in weiten Teilen des Globus regeneriert haben. Bis dahin werden annähernd 25 Millionen Krebsfälle verhindert worden sein.

Dank der Umsetzung des Montreal-Protokolls (1987) schließt sich das Loch in der Ozonschicht allmählich wieder. Das multilaterale Umweltabkommen wurde als »erster großer Erfolg angesichts eines weltweilten Umweltproblems«[2] gepriesen. Es ist insbesondere auch deshalb interessant, weil es dem Kampf gegen die Klimaerwärmung als leuchtendes Beispiel dienen könnte, wie es UN-Generalsekretär Ban Ki-moon unterstrichen hat.[3]

EINE UNBESTRITTENE ERFOLGSGESCHICHTE

Der Großteil der Ziele der Industrie zur Erhaltung der Ozonschicht wurde schneller als vorausgesehen erreicht: Heute werden nur noch wenige die Ozonschicht schädigende Stoffe hergestellt und konsumiert. Aber deren Regenerierung ist ein langer Prozess, weil die schädigenden Stoffe eine geraume Zeit brauchen, um sich in der Atmosphäre zu zersetzen. Die Ozonschicht wird sich aller Voraussicht nach in weiten Teilen des Globus vor 2050 wieder regeneriert haben, in der Antarktis jedoch etwas später.[4]

Die Umsetzung des Montreal-Protokolls hat sich in verschiedenen Bereichen positiv ausgewirkt, vor allem in gesundheitlicher Hinsicht.[5]

- 20,6 Millionen weniger Hautkrebsfälle bis 2060;
- eine bis drei Millionen weniger Tote durch Hautkrebs in diesem Zeitraum;
- und 129 Millionen weniger Fälle von Grauem Star.

GRÜNDE FÜR DEN ERFOLG

Die multilaterale Zusammenarbeit zahlt sich aus

Die Ausgangslage war zunächst äußerst verworren, da die Produkte, welche die Ozonschicht schädigende Stoffe enthielten, wie sie zum Beispiel für Kühlschränke, Klimaanlagen, Sprühdosen, Lösungsmittel, Transportmittel etc. verwendet wurden, unverzichtbar zu sein schienen. Aber die Zusammenarbeit von Wissenschaftlern, internationalen Diplomaten, der Industrie und Nichtregierungsorganisationen erwies sich als sehr fruchtbar.[6] Mit diesem internationalen Schulterschluss, der in den 1980er-Jahren die Regenerierung der Ozonschicht einleitete, begann eine ganz neue Form internationaler Beziehungen, eine weltweite Umweltdiplomatie.[7]

Die Einbeziehung von Wissenschaftlern: eine objektive Kenntnisgrundlage schaffen

Die ersten »Handwerker« beim Projekt Wiederherstellung der Ozonschicht waren die Wissenschaftler. Recherchen von Experten aus verschiedenen Disziplinen brachten die verantwortlichen Politiker dazu, sich für die Wiederherstellung der Ozonschicht einzusetzen.[8]

Die Einbeziehung der Vereinten Nationen: die Teilnehmer an den Verhandlungstisch bringen

Das Umweltprogramm der Vereinten Nationen spielte eine entscheidende Rolle. Mostafa Tolba, dessen damaliger Exekutivdirektor, brachte durch seinen unermüdlichen Einsatz Diplomaten, Industrie und Umweltaktivisten an den runden Tisch, um Lösungen zur Regenerierung der Ozonschicht zu erarbeiten.

Die Einbeziehung der Staaten: eine verantwortungsvolle finanzielle Zusammenarbeit

Die Diplomaten kamen überein, dass alle Länder eine gemeinsame Verantwortung für die Wiederherstellung der Ozonschicht tragen, jedoch den reichsten Staaten eine größere Verantwortung zukommt, da sie einen Großteil des Schadens versursacht haben und ihre Unternehmen über die Technologien verfügen, alternative Stoffe zu entwickeln.[9] Es wurde ein multilateraler Fonds gegründet, durch den die reichsten

Staaten des Nordens den Entwicklungsländern finanzielle Unterstützung und Technologien zukommen ließen, um ihnen zu helfen, die nötigen Maßnahmen zu ergreifen, die für die Rettung der Ozonschicht geboten waren.

Die Einbeziehung der NGOs: die Öffentlichkeit sensibilisieren und mit den Industrieunternehmen kooperieren

Das Engagement der Umweltschutzverbände erwies sich als entscheidend.[10] Sie leisteten die nötige Lobbyarbeit bei den Regierungen, sensibilisierten die Öffentlichkeit für das Ozonproblem, warben für den Gebrauch alternativer Produkte. Ein sehr interessanter Aspekt ist der zu beobachtende Strategiewechsel: Statt die Industrie an den Pranger zu stellen, nahm man sie mit ins Boot und kooperierte.

Die Einbeziehung der Industrie: alternative Produkte entwickeln

Einige Autoren waren damals der Ansicht, dass die freien Kräfte des Marktes alle Umweltprobleme lösen könnten. Das ist falsch, und das Ozonproblem ist in dieser Hinsicht exemplarisch, weil die Industrie die wissenschaftlichen Daten zunächst bestritt. Hingegen trifft zu, dass sie die finanziellen Mittel besaß, um neue alternative Produkte, die die Ozonschicht nicht schädigen, zu erforschen und zu entwickeln. Nicht den freien Kräften des Marktes ist die industrielle Lösung des Problems geschuldet, sondern vor allem dem Druck der Öffentlichkeit und der verantwortungsvollen Haltung der Unternehmer. Diese sahen ein, dass es besser war, »mitzuziehen«: Sie arbeiteten miteinander, mit den Regierungen, Wissenschaftlern und NGOs zusammen, mit dem Ziel, die Ozonschicht nicht schädigende Stoffe zu entwickeln.[11] Auf diese Weise entschieden sich multinationale Unternehmen, nicht selten Konkurrenten, für Kooperation statt Wettbewerb, nicht zuletzt indem sie technische Informationen austauschten.

VORSICHT IST WEITERHIN GEBOTEN

Die Fluorkohlenwasserstoffe (FKW), die die Ozonschicht zerstörenden Fluorchlorkohlenwasserstoffe ersetzten, tragen zum Treibhauseffekt bei, was die Industrie zur Erforschung und Entwicklung neuer Produkte zwingt. Die 197 Staaten, die das Montreal-Protokoll unterzeichneten, haben sich im Oktober 2016 in Kigali in Ruanda auf ein Folgeabkommen geeinigt, wonach sukzessive die klimaschädlichen Fluorkohlenwasserstoffe abgeschafft werden sollen.

Anmerkungen

1 Bei diesem Kapitel handelt es sich um eine gestraffte und aktualisierte Fassung der Seiten 397-408 meines Buchs *Les Entreprises humanistes. Comment elles vont changer le monde*, Paris, Les Arènes, 2016.

2 Tolba, M. K. (1998), »The story of the ozone layer: Lessons learned and impacts on the future«, in P. G. Le Prestre, J. D. Reid und E. T. Morehouse, *Protecting the ozone layer: Lessons, models, and prospects*, Boston, Kluwer Academic Publishers, S. 19-25 (S. 19).

3 Ki-moon, B. (16. September 2016), *Botschaft anlässlich des Internationalen Tags zum Schutz der Ozonschicht*, UNO.

4 Salomon, S. et al. (2016), »Emergence of healing in the Antarctic ozone layer«, Science, 353 (6296), S. 269-274. WMO-UNEP (2014), *Assessment for Decision-Makers: Scientific Assessment of Ozone Depletion 2014*, Genf, WMO.

5 Armstrong, J. (1998), »Global benefits and costs of the Montreal Protocol«, in P. G. Le Prestre, J. D. Reid und E. T. Morehouse, a.a.O., S. 173-177.

6 Canan, P. und Reichman, N. (2002), *Ozone Connections. Expert Networks in Global Environmental Governance*, Sheffield, UK Greenleaf Publishing.

7 Tolba, M. und Rummel-Bulska, I. (1998), *Global Environmental Diplomacy*, Cambridge, MIT Press.

8 Haas, P. M. (1992), »Banning chlorofluorocarbons: Epistemic community efforts to protect stratospheric ozone«, *International Organization*, 46, S. 187-224.

9 Andersen, S. O. und Sarma, K. M. (2002), *Protecting the Ozone Layer. The United Nations History*, London, Earthscan, S. 351.

10 Tarras-Wahlberg, H. (2014), *Non-Governmental Organizations' Efforts to Protect Stratospheric Ozone*, Lund, Lund University. Gilfillan, C. (2002), »Environmental NGOs, the ozone layer and the Montreal Protocol«, in S. O. Andersen, und K. M. Sarma (2002), a.a.O., S. 323-344.

11 Harrison, D. und Easton, G. (2002), »Collective action in the face of international environmental regulation«, *Business Strategy and the Environment*, 11(3), S. 143-153. Canan, P. und Reichman, N. (2002), *Ozone Connections. Expert Networks in Global Environmental Governance*, Sheffield, Greenleaf Publishing.

DER EINDRUCKSVOLLE RÜCKGANG DER ABHOLZUNG TROPISCHER REGENWÄLDER IM BRASILIANISCHEN AMAZONAS-GEBIET[1]

DAS AUSMASS DER ABHOLZUNG IM GRÖSSTEN TROPISCHEN REGENWALD DER WELT IST ZWISCHEN 2004 UND 2012 UM 80% ZURÜCKGEGANGEN.

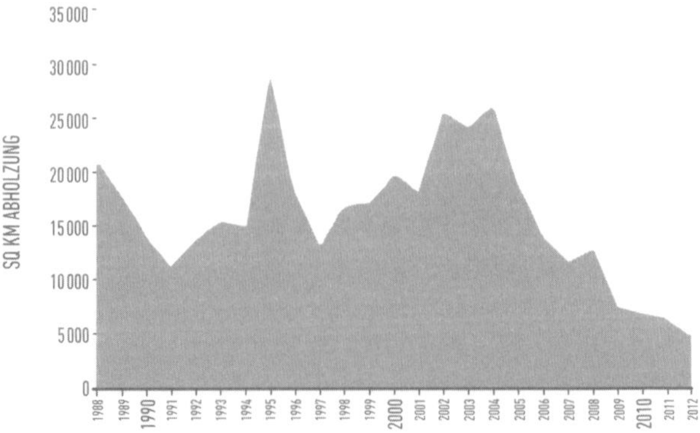

1 Hecht, S. B. (2014), »Forests lost and found in tropical Latin America: The woodland ›green revolution‹«, *The Journal of Peasant Studies*, 41 (5), S. 877-909 (S. 881).

WÄLDER 11

Die weltweite Abholzung verlangsamt sich endlich!

Die Waldbestände der Erde nehmen in sehr viel langsamerem Tempo ab als früher. Die Abholzung im brasilianischen Amazonasgebiet ist zwischen 2004 und 2012 stark zurückgegangen, und in Frankreich wachsen die Wälder um 50.000 Hektar jährlich[1].

Die bewaldete Landfläche der Erde verminderte sich zwischen 1990 und 2015 von vier Milliarden 128 Millionen Hektar auf vier Milliarden. Sicher, ein signifikanter Verlust, aber weltweit verringern sich die Wälder dreimal weniger schnell als noch vor 15 Jahren (0,06% Verlust im Jahr 2015 im Vergleich zu 0,18% im Jahr 2000)[2].

Rett Butler, ein resoluter Aktivist, der sich für den Schutz der Wälder einsetzt, erklärt, dass er nach vielen hoffnungslosen Jahren »in letzter Zeit zum ersten Mal Gründe für einen vorsichtigen Optimismus erkennt, was die Zukunft der Wälder betrifft«[3].

WALDWIRTSCHAFT IM WANDEL

Immer öfter spricht man von »Waldwirtschaft im Wandel« und bezieht sich dabei auf den Prozess der Wiederaufforstung, der im großen Stil in zahlreichen Ländern stattfindet. Gemäß diesem Konzept durchlaufen die entwickelten Länder verschiedene Phasen:

zunächst massive Abholzung, um ihren Bedarf an landwirtschaftlicher Produktion zu befriedigen, dann Stagnation und schließlich Wiederaufforstung (ob auf natürliche Weise oder durch Menschenhand), wobei Letzteres mit der Intensivierung der Landwirtschaft und dem Umstand, dass immer mehr Menschen in Städte ziehen, einhergeht.

Betrachten wir zum Beispiel die Situation in Frankreich.[4] Vom 15. Jahrhundert bis zum beginnenden 19. Jahrhundert erlebte das Land einen »ununterbrochenen und unerbittlichen« Raubbau. In manchen Regionen kam es zu einer »katastrophalen Erosion«. Die damalige Situation ähnelte stark der, die heute in anderen Regionen der Erde zu beobachten ist. Aber die bewaldete Fläche Frankreichs hat heute wieder das gleiche Niveau erreicht wie im Mittelalter, sprich 15,5 Millionen Hektar, und vergrößert sich jährlich um 50.000 Hektar, was ungefähr fünf Mal der Größe von Paris entspricht.[5]

Waldwirtschaft im Wandel, ein Prozess, der in zahlreichen westlichen Ländern längst in Gang ist, setzt nun auch in einigen Entwicklungsländern ein, und zwar in sehr viel schnellerem Tempo.

EINIGE WICHTIGE SCHRITTE

Das Ziel »Null-Abholzung«

2008 unterzeichneten 67 Länder den Aufruf des WWF (Word Wide Fund for Nature), sich zu verpflichten, im

Jahr 2020 das »Null-Abholzungsziel« zu erreichen.[6] Das bedeutet nicht den vollständigen Abholzungsstopp auf der Erde, sondern dass die »Netto-Abholzung« auf null reduziert wird, indem abgeholzte Flächen wiederhergestellt werden.

Die internationale Waldschutz-Konferenz von Bonn und die Erklärung von New York

2011 wurde auf der von der deutschen Regierung und der Internationalen Naturschutzunion (IUCN) ausgerichteten Konferenz in Bonn ein internationales Bündnis zum Schutz der Wälder geschlossen. Die Initiative, an der sich zahlreiche Länder und Unternehmen beteiligen, hat sich zum Ziel gesetzt, bis 2020 150 Millionen Hektar kahlgeschlagener Flächen zu renaturieren. 2014 verabschiedete der UN-Klimagipfel in New York die Vereinbarung zum Schutz des Waldes, mit der das Bonner Ziel auf 200 Millionen Hektar wiederhergestellter Flächen im Jahr 2020 ausgeweitet wurde. Mehr als 100 Staaten, zivilgesellschaftliche Organisationen, autochthone Bevölkerungsgruppen und Unternehmen stimmten dem Abkommen zu.[7]

Zwei Milliarden Hektar Wald sollen renaturiert werden

Eine 2011 veröffentlichte Studie zeigt, dass mehr als zwei Milliarden Hektar abgeholzter und degradierter Flächen auf der Erde renaturiert werden könnten![8]

Der beachtliche Rückgang der Abholzung von tropischen Regenwäldern im brasilianischen Amazonas-Gebiet

Zwischen 2004 und 2012 nahm die Abholzung im größten tropischen Regenwald der Erde um ungefähr 80% ab.

DIE GRÜNDE FÜR DEN ERFOLG

Die Resilienz der Wälder

Die Sekundärwälder – die spontan oder durch Wiederanpflanzung nach Abholzung wachsen – sind in der Regel reichhaltiger als bislang angenommen: Nach ungefähr 20 bis 40 Jahren beherbergen sie wieder eine große Vielfalt von Tierarten.[9] Eine Untersuchung zeigt, dass die tropischen Sekundärwälder sehr »produktiv und resilient«[10] sind und dass sie über eine beträchtliche Fähigkeit zur Kohlenstoffabscheidung verfügen, die sogar größer ist als die der Primärwälder.

Der Druck durch NGOs

Die Nichtregierungsorganisationen üben Druck auf die Holzindustrie aus, um diese zu einer ökologisch verantwortlichen Geschäftspolitik zu bewegen. Greenpeace hat zum Beispiel eine langwierige Kampagne gegen Asia Pulp and Paper (APP) geführt und den indonesischen Zellstoff- und Papierproduzenten gezwungen, die Zerstörung von Primärwäldern zu stoppen.

Der Forest Trust (TFT) wendet eine völlig andere Strategie an und appelliert stattdessen an das moralische Gewissen der Unternehmer.[11] TFT gelang es, Unternehmen wie Nestlé und Ferrero davon zu überzeugen, eine Geschäftspolitik zu verfolgen, die auf Abholzung verzichtet und der lokalen Bevölkerung, deren Lebensgrundlage die Wälder bilden, nicht schadet.

Die Zertifizierung nachhaltiger Forstwirtschaft

Um auf den internationalen Märkten zu operieren, wird eine Nachhaltige-Forstwirtschaft-Zertifizierung immer wichtiger. Es gibt mehrere Zertifizierungssysteme, von denen das strengste das Forest Stewardship Council – FSC – ist. Dieses Siegel wurde von mehreren Waldindustriebetrieben, Menschenrechtsorganisationen und Umwelt-NGOs ins Leben gerufen. Frühere Gegner wurden auf diese Weise zu Partnern.[12] In der Folge wurden weitere Zertifikate entwickelt – das bekannteste ist das Programme for the Endorsement of Forest Certification – PEFC –, aber es ist weniger aussagekräftig, weil es allein von der Holzwirtschaftsindustrie definiert wurde. 2014 waren mehr als 438 Millionen Hektar durch die Label FSC oder PEFC zertifiziert, gegenüber noch 14 Millionen in 2000.[13]

Das Handeln der verantwortlichen Politiker

Ebenso wichtig ist die Rolle der Politik. Zum Beispiel kündigte die brasilianische Regierung 2008 einen Maßnahmenplan zur Klimaveränderung an, mit dem sie das Ziel verfolgt, die Abholzung bis 2020 um 80% zu reduzieren. Es war das erste Mal, dass sie sich konkrete Ziele zur Verringerung der Abholzung setzte.

Ein anderes Beispiel ist China, das seit mehreren Jahren intensive Wiederaufforstungsprogramme durchführt.

Die kommunale Waldbewirtschaftung

Zahlreiche Beispiele aus der Praxis zeigen, dass Gemeinden ebenso effizient – und manchmal auch effizienter – sind wie der Staat oder der Markt, wenn es um die behutsame Nutzung von Wasser, Weideland, Wald und Fischereizonen geht.[14] Mehrere systematische Übersichtsarbeiten zeigen, dass sich die kommunale Waldbewirtschaftung durch folgende Konstanten auszeichnet:[15]

- Diese Art der Bewirtschaftung entwickelt sich häufig nach einer Phase starker Abholzung durch exzessive Ausbeutung.
- Diese Form des Ressourcenmanagements verbessert substanziell das Einkommen der Bewohner und bewahrt zugleich den Wald, was in der Regel nicht der Fall ist, wenn dessen Nutzung dem Staat oder dem freien Markt unterliegt.

- Das Ausmaß dieser Bewegung ist beträchtlich: Eine sich auf 62 Länder erstreckende Untersuchung ergab, dass 28% der Wälder unter gemeinschaftlicher Verwaltung stehen, was ungefähr 732 Millionen Hektar entspricht.[16] Einige Länder wie Mexiko und Nepal haben in dieser Hinsicht Modellcharakter. So gehören in Mexiko vier Fünftel der Waldflächen ländlichen Gemeinden, eine weltweit einzigartige Situation.
- Mehrere Bedingungen sind nötig, damit diese Bewirtschaftung Erfolg hat:
  - effiziente lokale Institutionen, die als Bindeglied zwischen der Gemeinschaft und dem Staat fungieren;
  - die Besitzrechte müssen der jeweiligen Gemeinde klar zugewiesen werden;
  - das Verhältnis von Rechten und Pflichten muss genau geregelt sein;
  - das Vorhandensein einer Art demokratischer Governance, um zu verhindern, dass sich die örtlichen Eliten die erzielten Erträge sichern;
  - wirksame Kontroll- und Strafmechanismen bei Regelverstößen.

VORSICHT IST WEITERHIN GEBOTEN

Einige Länder, die sich in einer waldwirtschaftlichen Übergangsphase befinden, wie zum Beispiel Vietnam oder China, übertragen das Problem der Abholzung auf andere Länder, indem sie Holz importieren.

Der Großteil des weltweilt gehandelten Holzes ist noch immer nicht zertifiziert. Einige Holzindustrie-Unternehmen umgehen das System der Zertifizierung: In die USA und nach Europa exportieren sie zertifiziertes Tropenholz, in den Rest der Welt, wo weniger genau hingeschaut wird, nicht zertifiziertes.

Anmerkungen

1 Office national des forêts, »Le patrimoine forestier français en forte expansion«, Webseite des ONF.

2 FAO (2015), *Global Forest Resources Assessment 2015. How are the World's Forests Changing?*, Rom, FAO, S. 6.

3 Butler, R. A. (30. Oktober 2014), »A conservationist sees signs of hope for the world's rainforests«, *Yale Environment* 360.

4 Mather, A. S., Fairbairn, J. und Needle, C. L. (1999), »The course and drivers of the forest transition: The case of France«, *Journal of Rural Studies*, 15 (1), S. 65-90.

5 Office national des foréts, a.a.O.

6 World Wide Fund (ed.), *Zero Net Deforestation by 2020. A WWF Briefing Paper*. Siehe auch Brown, S. und Zarin, D. (2013), »What does zero deforestation mean?«, *Science*, 342, S. 805-807.

7 Laestadius, L., Buckingham, K., Maginnis, S. und Saint-Laurent, C. (2015), »Avant et après le défi de Bonn: historique et perspectives de la restauration des paysages forestiers«, *Unasylva*, 66 (3), S. 11-18.

8 Laestadius, L., Maginnis, S., Minnemayer, S., Patapov, P., Saint-Laurent, C. und Sizer, N. (2011), »Carte des opportunités de restauration du paysage forestier«, *Unasylva*, 62 (2), S. 47-48.

9 Dunn, R. R. (2004), »Recovery of faunal communities during tropical forest regeneration«, *Conservation Biology*, 18 (2), S. 302-309. Siehe auch Chazdon, R. L. (2014), *Second Growth. The Promise of Tropical Forest Regeneration in an Age of Deforestation*, Chicago, The University of Chicago press.

10 Poorter, L. et al. (2016), »Biomass Resilience of Neotropical Secondary Forests«, *Nature*, 530, 211-214.

11 Poynton, S. (2015), *Beyond Certification*, London, Dō Sustainability. Bachelard, M. (22.-27. Mai 2014), »Des rimes contre les tronçonneuses«, *Courrier International*, S. 38-39.

12 Visseren-Hamakers, I. J. und Glasbergen, P. (2007), »Partnerships in Forest Governance«, *Global Environmental Change*, 17 (3-4), S. 408-419.

13 FAO (2015), a.a.O., S. 26

14 Ostrom, E. (2010), *Gouvernance des biens communs. Pour une nouvelle approche des ressources naturelles*, Brüssel, De Boeck.

15 Gilmour, D. (2016), *Forty Years of Community-Based Forestry: A Review of its Extent and Effectiveness*, Rom, FAO. Porter-Bolland, L., Ellis, E. A., Guariguata, M. R., Ruiz-Mallen, I., Negrete-Yankelevich, S. und Reyes-Garcia, V. (2012), »Community Managed Forests and Forest Protected Areas: An Assessment of their Conservation Effectiveness across the Tropics«, *Forest Ecology and Management*, 268, S. 6-17. Beukeboom, H. J. J., Van der Laan, C., Van Kreveld, A. und Akwah, G. (2010), *Can Community Forestry Contribute to Livelihood Improvement and Biodiversity? Steps on How to Improve Community Forestry Programmes, Lessons from Work in 11 Countries and Communities*, WWF Netherlands. Charnley, S. und Poe, M. (2007), »Community forestry in theory and practice: Where are we now?«, *Annual Review of Anthropology*, 32, S. 301-336.

16 Ebd., S. xi.

SCHEINPROBLEM:
DIE AUSLÖSCHUNG DER ARTEN

WENIGER ALS

1%

DER ORGANISMEN
SIND IM LAUF
DER LETZTEN VIER
JAHRHUNDERTE
AUSGESTORBEN.[1]

DAS WAHRE PROBLEM:
DIE ABNEHMENDE ZAHL DER TIERE

1 Stork, N. E. (2010), »Re-assessing current extinction rates«, *Biodiversity and Conservation*, 19 (2), S. 357-371 (S.366).

Übertriebene Zahlenangaben, die das wahre Problem verdecken

Weniger als 1 % der Orgasnismen sind in den letzten vier Jahrhunderten ausgestorben.[1] Während der vergangenen 30 Jahre ist keine einzige Meerestierart verschwunden. Das wahre Problem ist nicht das Verschwinden der Arten, sondern die abnehmende Anzahl der Tiere.

Regelmäßig verkünden die Medien, dass tausend, wenn nicht gar Millionen von Arten demnächst aussterben werden. Einige Experten sagen ein massives Artensterben voraus – das berühmte sechste Massensterben[2], das auf die fünf vorangegangenen Massensterben der Erdgeschichte folgt.

EINE KLEINE AUSWAHL DER SCHWARZMALENDEN PROPHEZEIUNGEN

Hier einige der Voraussagen oder Behauptungen, die nicht durch Fakten bestätigt wurden.

1979: Eine Million Arten wird bis zum Jahr 2000 verschwunden sein

In seinem Buch *The Sinking Arch* sagt Norman Myers, ein britischer Experte für Biodiversität, voraus, dass bis zum Jahr 2000 eine Million Arten verschwunden sein werden[3], ohne seine Behauptung durch Fakten zu belegen.

1980: Bis zum Jahr 2000 werden 15% bis 20% der Arten ausgestorben sein

1980 wurden in einem von Präsident Jimmy Carter in Auftrag gegebenen Bericht Prognosen hinsichtlich des Zustands des Planeten Erde im Jahr 2000 gemacht. Thomas Lovejoy, ein Forscher, der den Begriff Biodiversität in die Welt der Wissenschaft eingeführt hat, sagt voraus, dass in 20 Jahren zwischen 15 und 20% der Arten auf der Erde verschwunden sein werden, das heißt zwischen 500.000 und 6000.000 Arten.[4]

1981: 100% der tropischen Arten werden bis 2025 verschwunden sein

Paul und Anne Ehrlich verkünden, dass zu Beginn des 21. Jahrhunderts die Hälfte aller Arten in den tropischen Regenwäldern ausgelöscht sein könnte: Ihnen zufolge wird bis 2025 so gut wie nichts mehr überlebt haben.[5] Die Elefanten, Flusspferde, Nashörner, Büffel und Giraffen Kenias werden bis zum Jahr 2000 von der Bildfläche verschwinden, und die Erhöhung der

CO_2-Konzentration in der Atmosphäre könnte bis zum Jahr 2020 einer Milliarde Menschen das Leben kosten.[6]

1992: Jährlich sterben 27.000 tropische Tierarten aus

Der Biologe Edward O. Wilson schätzt, dass mindestens 27.000 Arten der in den tropischen Regenwäldern beheimateten Tiere jedes Jahr verschwinden, das heißt 74 jeden Tag.[7]

1992: Das Tempo des Artensterbens verläuft exponentiell

Al Gore, bis 2001 Vizepräsident der Vereinigten Staaten, berühmt für sein absolut berechtigtes Engagement für den Klimaschutz, stellt die unten abgebildete exponentielle Kurve vor, ohne eine Quelle zu nennen.

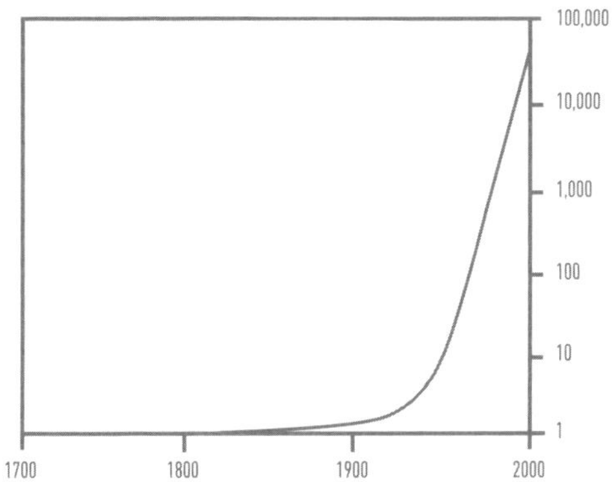

ZAHL DER JÄHRLICH AUSSTERBENDEN ARTEN[8]

2004: Bis 2050 wird eine Million Arten ausgestorben sein

Im Jahr 2004 prophezeit ein großes internationales Expertenteam, dass bis 2050 zwischen 5,6 und 78,6% der Arten, die sie untersuchten, aufgrund des Klimawandels ausgelöscht sein werden.[9] Daraufhin zitieren einige renommierte Medien diese Studie und verkünden, dass eine Million Arten vom Aussterben bedroht sei. Doch diese Zahl taucht in der Studie gar nicht auf; mehr noch, die Autoren stellen klar, dass sie von prozentualen und nicht von absoluten Zahlen sprechen.[10]

2010: tausendfach schnelleres Aussterben

2010 behauptet ein Forscherteam, dass sich das Aussterben der Arten unter menschlichem Einfluss tausendfach schneller vollziehe als bei einem natürlichen Verlauf.[11] Fünf Jahre später reduzierte dasselbe Team diese Zahl auf ein Hundertfaches, ohne die Gründe für diese signifikante Abweichung darzulegen.[12]

BIOLOGISCHE VIELFALT, DAS SIND NICHT NUR BÄREN, WALE ODER BIENEN

Beim Begriff Abnahme der Biodiversität oder Artenvielfalt denken die meisten Menschen automatisch an Eisbären, Wale und vielleicht noch Bienen. Kurzum, vor allem an große Tiere und vor allem Säugetiere, das heißt Lebewesen, die uns am Nächsten sind. Die Bienen stellen die Ausnahme von der Regel dar, aber wahrscheinlich nur, weil sie dem Menschen so nützlich sind. Diese Vorstellung von Biodiversität spiegelt indes nicht die Wirklichkeit wider. Zum Beispiel sind die verzeichneten Insektenarten zwanzigmal zahlreicher als alle Wirbeltiere zusammen (Säugetiere, Vögel, Fische, Reptilien etc.); die Helminthen (zu denen der Bandwurm zählt) umfassen zwischen 75.000 und 300.000 Parasitenarten[13], und es gibt ungefähr 10.000 Vogelarten. Die Parasiten, die die größte auf der Erde lebende Spezies darstellen[14], sind wesentlich stärker vom Artensterben betroffen als andere Arten[15]. Daher werden in der Welt der Wissenschaft immer mehr Stimmen laut, die für Parasiten die gleichen Rechte wie für andere Arten fordern[16] und sie auf die Rote Liste bedrohter Tierarten setzen.[17]

Aber welcher erbitterte Naturschützer wäre bereit, Filzläusen (Opfer der Hygiene) als Wirt zu dienen oder in seinem Schrank Motten zu beherbergen, um sie vor dem Aussterben zu bewahren?

Wenn die Experten ein massives Artensterben voraussagen, beziehen sie sich auf die »kleinen Tiere« (Insekten, Spinnen, Tausendfüßler etc.) der tropischen Regenwälder oder auf die Tiere, die auf dem Meeresgrund leben, das heißt auf Tiere, die noch nie jemand gesehen hat und denen die meisten auch nicht zu begegnen wünschen. Aber das wird fast nie ausdrücklich gesagt.

SCHWERE METHODOLOGISCHE FEHLER

Immer wieder kritisieren Autoren, dass Kollegen oder Medien oftmals völlig überzogene Behauptungen in Bezug auf das Artensterben aufstellen; einer spricht sogar von »abenteuerlichen Zahlen«[18]. Manche Behauptungen stützen sich nicht im Geringsten auf Fakten, wie wir gesehen haben. Andere wiederum sind unterschiedlichen methodologischen Fehlern geschuldet und resultieren in häufig beunruhigenden Zahlen, wie jene, die ich soeben zitiert habe:

- Die Hochrechnung auf die Gesamtheit bestimmter Arten, ausgehend vom Artensterben auf einer Insel.[19] In diesem Fall benutzen die Forscher eine Methode mit der Bezeichnung »Verhältnis von Arten zum Lebensraum«, die besagt, dass je größer ein natürlicher Raum ist, er umso mehr Arten beherbergt. Und im Umkehrschluss: Je mehr man ihn beschneidet, umso weniger Arten leben dort. Das erscheint ziemlich plausibel, aber so einfach ist es nicht. Die auf Inseln lebenden Tiere sind in der Regel gefährdeter, weil es für sie unmöglich ist, vor frisch importierten Raubtieren Schutz zu suchen (zum Beispiel vor Ratten) – es sei denn, sie sind in der Lage, zu einem benachbarten Landstrich zu fliegen. Nicht selten bedienen sich Autoren zu Unrecht der auf einer Insel registrierten Zahlen, um die allgemeinen Aussterberaten in den tropischen Regenwäldern zu illustrieren.[20]

- Die Hochrechnung der Aussterberaten von an Land lebenden Spezies auf die Gesamtheit der Arten. Es ist jedoch so, dass die Ozeane fast drei Viertel unseres Planeten einnehmen und die Meeresarten weniger vom Aussterben betroffen sind als die Tierarten auf dem Land.[21]
- Die Behauptung, dass unbekannte Arten verschwunden sind. Eine große Anzahl von Arten ist uns noch unbekannt, wobei die Experten über deren Quantität uneins sind (die Schätzungen reichen von einer Million bis hundert Millionen). Je mehr man die Zahl der unbekannten Arten erhöht, desto höher auch die Zahl der Arten, die verschwinden werden. Aber es handelt sich lediglich um Vermutungen.

DIE WIRKLICHKEIT IST WESENTLICH WENIGER BEUNRUHIGEND

Claude Martin, der zwölf Jahre lang Direktor des WWF International war, erkennt inzwischen an, dass sich die pessimistischen Prognosen nicht bewahrheitet haben. Er zitiert zum Beispiel eine Studie, die zeigt, dass Puerto Rico 99% seiner Regenwälder eingebüßt hat, aber nur sieben Vogelarten, also 12%.[22] Wobei man wissen muss, dass diese Situation nur vorübergehend war; zwischen 1991 und 1992 betrug die Waldfläche Puerto Ricos 42%.[23]

In Anbetracht der Häufung falscher Prognosen und fragwürdiger Methoden schlagen einige Autoren realistischere Einschätzungen des Aussterberisikos einzelner Arten vor, die nicht auf Hochrechnungen gründen, sondern auf tatsächlichen Fakten:

- Im Lauf der letzten vier Jahrhunderte sind weniger als 1% der Organismen ausgestorben.[24]
- Seit Beginn des Holozäns, also seit 12.000 Jahren, sind nur 20 Meerestierarten ausgestorben: acht Vogel-, vier Säugetier-, vier Weichtier-, drei Fischarten und eine Algenart (zum Beispiel die japanische Robbe, der Brillenkormoran oder auch ein lachsähnlicher neuseeländischer Fisch).[25] In den letzten 30 Jahren ist keine Meerestierart ausgestorben.[26]
- Im Lauf der letzten fünf Jahrhunderte sind 734 Landtierarten ausgestorben, also weniger als zwei pro Jahr. Der Großteil davon lebte auf Meeresinseln, sodass sich das Aussterben dieser Arten nur gering auf die kontinentale Ökologie auswirkte.[27]
- Eine Studie, die die Daten bezüglich 35.000 Tierarten seit 1874 zusammenfasste (Säugetiere, Vögel, Fische, Wirbeltiere), und zwar in unterschiedlichen Gebieten, hat keine systematische Abnahme der Biodiversität ergeben.[28] 1.557 Messungen der Artenvielfalt ergaben in 40% der Fälle eine Zunahme und in 40% der Fälle eine Abnahme, während 20% keine Veränderungen aufwiesen.
- Wenn lokal Pflanzenarten verschwinden, werden sie oft durch fremde Arten ersetzt, bei denen es sich in der Regel um keine invasiven Arten handelt, das heißt, sie stören das Ökosystem, das sie aufnimmt, nicht.[29]

All diese Fakten legen den Schluss nahe, dass das vermeintliche sechste Massensterben nichts mit Wissenschaft, sondern vielmehr mit Ideologie zu tun hat, wie Hervé Le Guyader, Professor für Evolutionsbiologie an der Universität Pierre-et-Marie-Curie, bemerkt.[30]

DAS WARHE PROBLEM: DER RÜCKGANG DER TIERPOPULATIONEN

Wenn man den Fokus vorwiegend auf das Artensterben legt, droht ein anderes großes Problem aus dem Blickwinkel zu geraten: die stetig abnehmende Zahl an Tieren insgesamt.[31]

- Die Populationen großer Meerestiere, die vom Menschen gejagt werden, sind im Vergleich zur Ausgangssituation um 89% geschrumpft. Eine leichte Verbesserung in jüngster Zeit senkt diese Rate moderat auf 84%.[32]
- Auch die Gebiete, auf die sich der überwiegende Teil großer Raubtierarten verteilt, sind geschrumpft. Im Vergleich zur Ausgangslage beträgt dieser Raum gegenwärtig für Löwen und Geparden noch 17%, für Tiger noch 18%, für Jaguare noch 57%, für den Amerikanischen Schwarzbären noch 59% und für Leoparden noch 65%.[33]
- In den USA töten Hauskatzen jedes Jahr zwischen einer Milliarde und 3,7 Milliarden Vögel und zwischen 6,9 und 20,7 Milliarden Säugetiere.[34]
- Bestimmte Amphibienarten erleiden zurzeit einen massiven Populationsrückgang aufgrund der

Chytridiomykose (einer ansteckenden Pilzerkrankung), des Habitatverlusts und der Klimaerwärmung.[35]

Die Situation ist also wirklich besorgniserregend. Aber nicht hoffnungslos, denn wie wir gleich feststellen werden, ist die Natur in der Lage, sich zu regenerieren und weiter zu wachsen, wenn wir Menschen ihr dabei helfen.

Anmerkungen

1 Stork, N. E. (2010), »Re-assessing current extinction rates«, *Biodiversity and Conservation*, 19 (2), S. 357-371 (S.366).

2 Bill., R., Cury, P., Moreau, M. und Maris, V. (2014), *Biodiversité. Vers une sixième extinction de masse?*, Montreuil, La ville brûle. Leakey, R. und Lewin, R. (1999), *La Sixième Extinction. Évolution et catastrophes*, Paris, Flammarion.

3 Myers, N. (1979), *The Sinking Ark. A New look at the Problem of Disappearing Species*, New York, Pergamon Press, S. 5.

4 Lovejoy, T. E. (1980), »A projection of species extinctions«, in *The Global 2000 Report to the President*, (vol. 2), Washington D. C., Council on Environmental Quality, S. 328-331.

5 Ehrlich, P. und Ehrlich, A. (1981), *Extinction. The Causes and Consequences of the Disappearance of Species*, New York, Random House, S. 281.

6 Ebd., S. 142, 90.

7 Wilson, E. O. (1992), *The Diversity of Life*, Cambridge, Harvard University Press, S. 280. (dt. Ausgabe: Wilson, E. O. (1997), *Der Wert der Vielfalt: Die Bedrohung des Artenreichtums durch den Menschen*, Piper, München)

8 Gore, A. (2007), *Earth in the Balance. Forging a New Common Purpose*, London, Earthcan, S. 24.

9 Thomas, C. D. et al. (2004), »Extinction risk from climate change«, *Nature*, 427, S. 145-148. Die Zahlen 5,6 und 78,6 werden nicht in diesem Artikel genannt, sondern in den ergänzenden Informationen (Supplementary Information).

10 Siehe dazu Ladle, R. J., Jepson, P. und Whittaker, R. J. (2005), »Scientists and the media: The struggle for legitimacy in climate change and conservation science«, *Interdisciplinary Science Reviews*, 30 (3), S. 231-240. Ladle, R. J., Jepson, P., Araújo, M. B. und Whittaker, R. J. (2004), »Dangers of crying wolf over risk of extinctions«, *Nature*, 428, S. 799.

11 Ceballos, G., Garcia, A. und Ehrlich, P. R. (2010), »The sixth extinction crisis«, *Journal of Cosmology*, 8, S. 1821-1831.

12 Ceballos, G., Ehrlich, P. R., Barnosky, A. D., Garc.a A., Pringle, R. M. und Palmer, T. M. (2015), »Accelerated modern human-induced species losses: Entering the sixth mass extinction«, *Science Advances*, 1 (5), S. e1400253.

13 Dobson, A., Lafferty, K. D., Kuris, A. M. et al. (2008), »Homage to Linnaeus: How many parasites? How many hosts?«, *Proceedings of the National Academy of Sciences*, 105, S. 11482-11489.

14 Windsor, D. A. (1998), »Most of the species on earth are parasites«, *International Journal for Parasitology*, 28 (12), S. 1939-1941.

15 Dunn, R. R., Nyeema, C. H., Colwell, R. K., Koh, L. P. und Sodhi, N. S. (2009), »The sixth mass coextinction: Are most endangered species parasites and mutualists?«, *Proceedings of the Royal Society B.*, 276, S. 3037-3045.

16 Windsor, D. (1995), »Equal rights for parasites«, *Conservation Biology*, 9 (1), 1-2.

17 Gómez, A. und Nichols, E. (2013), »Neglected wild life: Parasitic biodiversity as a conservation target«, *International Journal for Parasitology: Parasites and Wildlife*, 2, 222–227.

18 Briggs, J. C. (2016), »Global biodiversity loss: Exaggerated versus realistic estimates«, *Environmental Skeptics and Critics*, 5 (2), S. 20-27 (S. 26).

19 MacArthur, R.H. und Wilson, E. O. (1967), *The theory of island biogeography*, Princeton, Princeton University Press.

20 He, F. und Hubbell, S. P. (2011), »Species-area relationships always overestimate extinction rates from habitat loss«, *Nature*, 473, S. 368-371. Ladle, R. J. und Jepson, P. (2010), »Origins, uses, and transformation of extinction rhetoric«, *Environment and Society. Advances in Research*, 1, S. 96-115.

21 Briggs, J. C. (2011), »Marine extinctions and conservation«, *Marine Biology*, 158 (3), S. 485-488. Dulvy, N. K., Pinnegar, J. K. und Reynolds, J. D. (2009), »Holocene extinctions in the sea«, in S. T. Turvey (Hg.), *Holocene Extinctions*, Oxford, Oxford University Press, S. 129-150.

22 Martin, C. (2015), *On the Edge. The State and Fate of the World's Tropical Rainforests. Report to the Club of Rome*, Greystone Books, S. 142.

23 Helmer, E. H., Ramos, O., López, T. del M., Quiñones, M. und Diaz, W. (2002), »Mapping the forest type and land cover of Puerto Rico, a component of the Caribbean biodiversity hotspot«, *Caribbean Journal of Science*, 38 (3-4), S. 165-183.

24 Stork, N. E. (2010), »Re-assessing current extinction rates«, *Biodiversity and Conservation*, 19 (2), S. 357-371.

25 Dulvy, N. K., Pinnegar, J. K. und Reynolds, J. D. (2009), a.a.O.

26 Briggs, J. C. (2014), »Global biodiversity: Extinctions and originations«, *Research and Reviews in BioSciences*, 8 (11), S. 414-421 (S. 416).

27 Briggs, J. C. (2016), a.a.O.

28 Dornelas, M. et al. (2014), »Assemblage time series reveal biodiversity change but not systematic loss«, *Science*, 344, S. 296-299.

29 Vellend, M. et al. (2013), »Global meta-analysis reveals no net change in local-scale plant biodiversity over time«, *Proceedings of the National Academy of Sciences of the United States of America*, 110 (48), S. 19456-19459.

30 Le Guyader, H. (2008), »La biodiversité: un concept flou ou une réalité scientifique?«, *Courrier de l'environnement de l'INRA*, 55 (55), S. 7-26.

31 Siehe vor allem den *Living Planet Report* des WWF. Der Living Planet Index wurde indessen von einigen Experten kritisiert, insbesondere von Stephen Buckland und Stuart Pimm.

32 Lotze, H. K. und Worm, B. (2009), »Historical baselines for large marine animals«, *Trends in Ecology and Evolution, 24 (5), S. 254-262.*

33 Ripple, W. J. et al. (2014), »Status and ecological effects of the world's largest carnivores«, *Science*, 343 (6167), 1241484.

34 Loss, S. R., Will, T. und Marra, P. P. (2013), »The impact of free-ranging domestic cats on wildlife of the United States«, *Nature Communications*, 4. (1396), 1-7. Dauphine, N. & Cooper, R. J. (2009), »Impacts of free-ranging domestic cats (Felis catus) on birds in the United States: A review of recent research with conservation and management recommendations«, *Proceedings of the Fourth International Partners in Flight Conference: Tundra to Tropics*, S. 205-219.

35 Catenazzi, A. (2015), »State of the world's amphibians«, *Annual Review of Environment and Resources*, 40, S. 91-119.

DAS EXPONENTIELLE WACHSTUM DER SCHUTZGEBIETE

ENTWICKLUNG DER TERRESTRISCHEN UND MEERESSCHUTZGEBIETE[1]

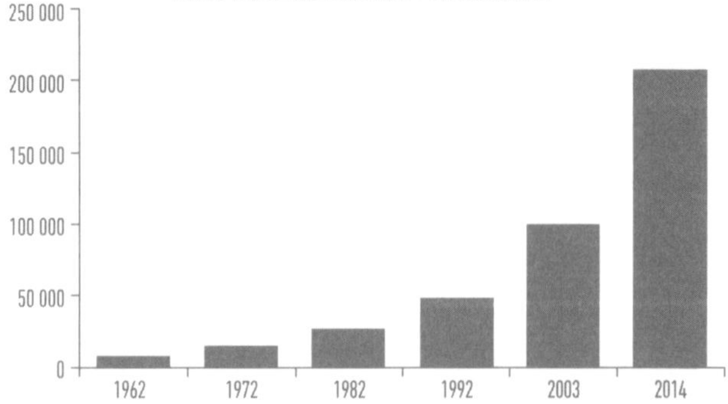

IHNEN GEHT ES INZWISCHEN WIEDER BESSER!

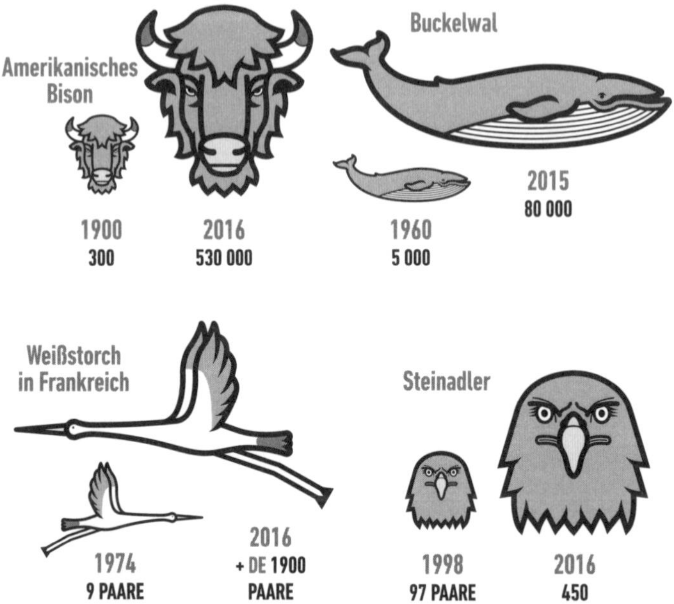

1 Deguignet, M. et al. (2014), *2014 United Nations List of Protected Areas*, Cambridge, UNEP-WCMC, S. 14.

Erfolge, die Mut machen

Seit einem halben Jahrhundert verdoppelt sich die Fläche der Schutzgebiete auf der Erde alle zehn Jahre. Mehr als 350 als ausgestorben angesehene Arten wurden wiederentdeckt. Die Naturschutzmaßnahmen sind unabdingbar für den Erhalt der Biodiversität.
Und die Natur ist resilienter, als man glauben mag.

Zwei entscheidende Faktoren können die biologische Vielfalt begünstigen: spontane Regeneration der Natur aufgrund von Resilienz sowie Schutzmaßnahmen.

DIE NATUR IST RESILIENTER, ALS MAN GLAUBEN MAG

Lange haben die Experten am »Klimax«-Konzept festgehalten – dass die Vegetation ohne Eingriffe des Menschen spontan einen Zustand des Gleichgewichts erreicht. Dieses Konzept ist heute umstritten. Die Wissenschaftler nehmen vielmehr an, dass die Natur vor allem durch Wandel bestimmt ist und, wenn es zu Störungen kommt, durch Resilienz. Dennoch hängen die Medien und die breite Öffentlichkeit noch immer der Vorstellung des stabilen Gleichgewichts der Natur an.[1]

Zwei Naturwissenschaftler haben 240 Studien zur Resilienz von Ökosystemen versammelt, die auf unterschiedliche Weise geschädigt wurden: durch Landwirtschaft, Abholzung, invasive Arten, Bergbau, Ölverschmutzung, Überfischung.[2] Sie kamen zu dem Ergebnis, dass es möglich sei, sogar stark degradierte Ökosysteme zu regenerieren, und bisweilen verlief die Wiederherstellung sehr viel schneller als vorausgesehen. Die am längsten benötigte Zeit zur Wiederherstellung (ungefähr 120 Jahre) wird benötigt, wenn zahlreiche Schädigungen vorliegen, die kürzeste (wenige Jahre) im Fall von Ölverschmutzung, invasiver Arten oder Überfischung. Die aquatischen Ökosysteme erholen sich schneller als die terrestrischen.

Um eine besondere Ausprägung der Resilienz handelt es sich, wenn ausgestorben geglaubte Tierarten wieder aufgefunden werden. In Anspielung auf die biblische Figur Lazarus, der im Neuen Testament durch Jesus von den Toten wiederauferweckt wird, spricht man auch von Lazarus-Arten. So wurden zwischen 1889 (dem Jahr der ersten wiederaufgefundenen Art) und 2011 mehr als 350 Säugetierarten, Vögel und Amphibien wiederentdeckt, nachdem sie zwischen drei und 331 Jahren als ausgestorben gegolten hatten![3] Darunter mehrere Affenarten und Fledertiere, ein Flughörnchen, eine Stachelschwein-, eine Kakadu-, zwei Eulen- und mehrere Petrelarten (Unterfamilie der Sturmvögel) … Das gibt Anlass zur Hoffnung, allerdings mit der gebotenen Vorsicht, sind diese Arten doch nach wie vor vom Aussterben bedroht.

DIE ROLLE VON NATURSCHUTZMASSNAHMEN

Der zweite wichtige Faktor der Wiederherstellung der Biodiversität sind Naturschutzmaßnahmen. Hier einige Ergebnisse:

- Von den 235 auf der Erde lebenden Huftierarten wären mindestens 148 vom Aussterben bedroht, stünden sie nicht unter Schutz.[4] Sechs wurden wahrscheinlich sogar vor dem Aussterben gerettet.
- Zwischen 1988 und 2004 verbesserte sich die Situation von 23 Vogelarten; bei 20 von ihnen ist dies intensiven Konservierungsmaßnahmen geschuldet, vor allem dem Schutz und Management der jeweiligen Habitate (bei 75% der Arten), der Kontrolle invasiver Arten (50%) und der Aufzucht in Gefangenschaft und der späteren Auswilderung (33%).[5] Während 1994 zwei Drittel der Population dieser Arten im Schwinden begriffen waren, nahm sie 2004 in 80% der Fälle wieder zu. Vor allem in der Kategorie der gefährdetsten Arten macht sich dieser Effekt bemerkbar. Ohne diese Eingriffe wären 16 Arten wahrscheinlich ausgestorben.
- In den Niederlanden gab es zwischen 1990 und 2005 mehr Brutvogelarten, deren Population gestiegen ist, als welche, deren Zahl sank.[6]

1992 empfahl der vierte Weltkongress der Biosphärenreservate, 10% der Erdoberfläche unter besonderen Schutz zu stellen. 2005 war dies bereits für 12% des Planeten der Fall. Seitdem beobachtet man weltweit ein exponentielles Wachstum von Zahl und Fläche der Naturschutzgebiete, die sich ungefähr alle zehn Jahre verdoppeln.[7]

Bis August 2016 war das größte Biosphärenreservat der Erde französisch: das neukaledonische Barrierriff (fast 1,3 Millionen Quadratkilometer, was ungefähr 2,4 mal die Fläche des französischen Festlandes ausmacht). Inzwischen sind zwei noch größere Schutzzonen entstanden, das vor der Antarktis gelegene Meeresschutzgebiet Rossmeer und das Papahānaumokuākea Marine National Monument.

Seit 1990 haben einige Weltregionen die terrestrischen Schutzgebiete erheblich ausgeweitet.[8] Zum Beispiel sind sie in Lateinamerika und der Karibik zwischen 1990 und 2014 von 8,8% auf 23,4% angewachsen; in Westasien haben sich die terrestrischen Schutzgebiete im selben Zeitraum beinahe vervierfacht, und zwar von 3,7% 1990 auf 15,4% 2014.

2010 erklärte die Vollversammlung der Vereinten Nationen den Zeitraum zwischen 2011 und 2020 zur »UN-Dekade der biologischen Vielfalt«. Die internationale Gemeinschaft einigte sich auf 20 Ziele zur Bewahrung der Biodiversität (die sogenannten Aichi-Ziele), die bis 2020 erreicht werden sollen, vor allem die Ausweitung der terrestrischen Schutzgebiete auf mindestens 17% der Erdoberfläche und der der Meeresschutzgebiete auf 10%. Die Welt nähert sich diesen Zielen an: 2014 waren 15,4% der Landflächen, 8,4% der Meeresgebiete und 10,9% der Küsten als Schutzzonen ausgewiesen.[9]

WENN WAPPENTIERE DEM AUSSTERBEN ENTKOMMEN

Einige Tierarten, die beinahe ausgestorben wären, weisen heute gesunde Populationen auf. Hier einige Beispiele:

- *Der Buckelwal*: 1960 gab es weniger als 5.000 Exemplare, heute mindestens 80.000
- *Der Amerikanische Bison*: 300 im Jahr 1900, heute 530.000
- *Der Kalifornische Kondor*: 1987 noch 22 (alle in Gefangenschaft); 2014 425 (in Freiheit)
- *Der Große Panda*: 1976 noch 1.000 in Freiheit lebende Tiere, 2014 1.900. Die Internationale Union zur Bewahrung der Natur und natürlicher Ressourcen (IUCN) hat den Großen Panda 2016 von der Liste der vom Aussterben bedrohten Arten genommen und ihn stattdessen in die Kategorie »gefährdet« eingestuft.
- *Der Weißkopfseeadler* (Wappenvogel der USA): 1963 noch 417 nistende Paare; heute 10.000. Die amerikanische Regierung nahm ihn 2007 von der Roten Liste.

In Frankreich beobachtet man eine ähnliche Entwicklung. Was die Vögel betrifft, ist die Situation folgende:[10]

Die Populationen der tagesaktiven Greifvögel, die in der Regel ein guter Indikator für die biologische Vielfalt sind, steigt seit circa 20/30 Jahren in Frankreich, in manchen Fällen signifikant. Damit sind sie nicht die einzigen Arten.

- *Der Wanderfalke*: 150 bis 200 Paare in den 1970ern; heute 1.100 bis 1.400. Dieser Vogel, in den 1960ern noch überaus selten, nistet heute in Paris, Lyon und anderen großen französischen Städten.
- *Der Steinadler*: 1998 noch 97 brütende Paare, heute 450.
- *Der Uhu*: 2004 noch 105 flügge Jungtiere, 2010 317. Dieser Vogel lässt sich heute in Regionen nieder, wo er noch nie beheimatet war, weil er gern in den menschengemachten »Klippen« von Steinbrüchen nistet.
- *Der Weißstorch*: 1974 noch neun Paare, heute mehr als 1.900.
- *Der Kranich*: 1982 fast kein einziges überwinterndes Paar, heute 120.000.

Und was die Säugetiere betrifft[11]:

- *Wolf*: im 19. Jahrhundert ausgerottet, heute 300;
- *Biber*: Anfang des 20. Jahrhunderts noch ein paar Dutzend, alle im Unteren Rhônetal beheimatet; heute 15.000 an fast allen französischen Flüssen und Bächen; 2016 haben sich zum ersten Mal welche im Ballungsraum Paris angesiedelt;

- *Hirsch*: 1985 noch 39.00, 2005 150.000;
- *Alpensteinbock*: im 19. Jahrhundert beinahe verschwunden; heute 50.000, davon 10.000 in Frankreich.

AUF DEM WEG ZUR VERSÖHNUNG ZWISCHEN MENSCHEN UND NATUR

Obwohl sie im Großen und Ganzen wirksam sind, zieht die Errichtung von Naturschutzgebieten eine zweifache Kritik auf sich:[12]

- Zahlreiche andere Gebiete, die eine besonders reichhaltige biologische Vielfalt aufweisen, sind nicht unter Schutz gestellt.
- Nicht in allen Naturschutzgebieten wird penibel die Einhaltung der Bestimmungen überwacht.

Daher fordern viele eine breiter gefasste Vision des Naturschutzes, der nicht auf einige begrenzte Flächen beschränkt ist, sondern sich auch auf stark bevölkerte Orte erstreckt.

Laut Georgina Mace vom University College in London hat es in den entwickelten Ländern vier aufeinanderfolgende Naturschutzkonzepte gegeben:[13]

- *Die Natur der Natur:* Bis in die 1970er-Jahre versuchte man vor allem, intakte Habitate zu schützen. Dieser Ansatz ist noch immer weit verbreitet.
- *Die Natur trotz des Menschen*: In den 1979ern und 1980ern haben die Folgen menschlichen Handelns für die Natur dazu geführt, den Blick auf die

jeweiligen Gefährdungen und die entsprechenden Abhilfestrategien zu richten.

- *Die Natur für die Menschen*: Zur Jahrtausendwende beginnt man, sich der wohltuenden Wirkung der Natur auf die Menschheit bewusst zu werden und man erkennt, dass sie von unverzichtbarem Wert ist: ein utilitaristischer Ansatz des Naturschutzes.
- *Die Natur und die Menschen*: Im Lauf der letzten Jahre legte man den Akzent auf eine wechselseitige Beziehung zwischen der Menschheit und der Natur, bei der beide profitieren.

Immer mehr Umweltschutzorganisationen haben erkannt, dass man die Umwelt nicht dauerhaft schützen kann, ohne gleichzeitig die Bedürfnisse der lokalen Bevölkerung in den Blick zu nehmen, eine Haltung, die sich sehr von der früherer Zeiten unterscheidet, als man noch ganze Bevölkerungsgruppen umsiedelte, um Naturlandschaften zu schützen. Übrigens spricht man immer öfter von sozial-ökologischer Resilienz[14] oder von der Versöhnung von Ökologie und Ökonomie[15], denn die Schicksale von Natur und Menschheit sind unlöslich miteinander verwoben. Einige Naturschützer und Umweltaktivisten unterstreichen die beachtlichen Erfolge, die man beim Schutz zahlreicher Arten erzielt hat.[16] Alain Bougrain-Dubourg nennt jene, denen dies zu verdanken ist, die »Helden der Biodiversität«: »Sie erklären uns die Zusammenhänge und nehmen uns bei der Hand. Sie machen uns Hoffnung. Sie zeigen, dass es jenseits der zu Recht angeprangerten Missstände Handlungsoptionen gibt. Sie machen es uns vor, warum tun wir es ihnen nicht gleich?«[17]

Ein Beispiel dafür ist die Situation der europäischen Karnivoren, der Fleischfresser. Unter der federführenden Leitung des Naturwissenschaftlers Guillaume Chapron haben sich 75 Forscher in 31 europäischen Ländern damit befasst, die Entwicklung der Populationen der vier großen Fleischfresser zu untersuchen: Braunbär, Wolf, Eurasischer Luchs und Vielfraß (ein in nördlichen Ländern beheimatetes Tier).[18] Man könnte annehmen, diese Tiere würden nur in Reservaten oder abgelegenen und nur wenig besiedelten Gegenden überleben (»Modell der Trennung«, wie es die USA und zahlreiche asiatische oder afrikanische Staaten praktizieren). Aber die aktuelle Situation in Europa zeugt von einem anderen Ansatz, dem »Modell der Koexistenz«, das noch recht wenig erforscht ist:

- Der *Wolf* ist in 28 Ländern beheimatet, mit mehr als 12.000 Tieren, eine weitestgehend stabile oder sogar steigende Zahl.
- Der *Braunbär* ist in 22 Ländern beheimatet, mit Populationen von 17.000 Tieren, die Mehrheit davon stabil oder leicht steigend.
- Der *Luchs* ist in 23 Ländern angesiedelt, mit Populationen von ungefähr 9.000 Tieren, die Mehrheit davon stabil.
- Der *Vielfraß* liebt es kalt und lebt daher nur in drei Ländern (Finnland, Norwegen und Schweden), mit einer steigenden Population von circa 1.250 Tieren.

Das Forscherteam kommt zu dem Schluss, dass bis auf wenige Ausnahmen (wie dem Bären in den Pyrenäen und in Frankreich oder dem Luchs auf dem Balkan, dessen Bestand aufgrund wiederholter Kriege dezimiert wurde) »die Populationen alles in allem stabil sind, und das ist eine gute Nachricht«, die Anlass zu »vorsichtigem Optimismus« hinsichtlich der Zukunft dieser Tiere gibt. Die Gründe für diese erfreuliche Situation sind eine einheitliche Gesetzgebung zum Schutz dieser Tiere in zahlreichen europäischen Ländern, gesunde Populationen von Hirschen und Rehen etc., die den großen Fleischfressern als Beute dienen, eine diesen Tieren wohlgesinnte öffentliche Meinung, ebenso wie bestimmte Maßnahmen, die eine Koexistenz zwischen den großen Fleischfressern und den Menschen ermöglichen. Heute zählt man in Europa doppelt so viele Wölfe wie in den USA (ohne Alaska) – auf einer halb so großen Fläche und trotz der zweimal so dichten menschlichen Besiedlung.

Die Mehrheit dieser Tiere lebt in nicht geschützten Gebieten. Hätte man das Modell der Trennung in Europa angewandt, gäbe es hierzulande praktisch keine großen Fleischfresser mehr, weil die meisten europäischen Naturschutzgebiete als Lebensraum zu klein sind; diese Tiere benötigen in der Regel große Flächen, in denen sie sich frei bewegen können.

Sicher, die Koexistenz zwischen den großen Fleischfressern und den Menschen ist nicht ganz problemfrei, und sowohl Naturschützer als auch Schäfer haben gute Argumente auf ihrer Seite. Das Thema ist komplex und bedarf einer tiefergehenden Betrachtung, wie ich sie in einem meiner nächsten Bücher anstellen werde.

Wie auch immer, die in diesem Kapitel aufgeführten Fakten zeigen, dass es um die Biodiversität gar nicht so hoffnungslos bestellt ist, sobald beherzte Maßnahmen ergriffen werden.

Anmerkungen

1 Ladle, R. J. und Gillson, L. (2009), »The (im)balance of nature: A public perception time-lag?«, *Public Understanding of Science*, 18, S. 229-242.
2 Jones, H. P. und Schmitz, O. J. (2009), »Rapid recovery of damaged ecosystems«, *PLoS ONE,* 4 (5), e5653, S. 1-6.
3 Scheffers, B. R., Yong, D. L., Harris, J. B. C., Giam, X. und Sodhi, N. S. (2011), »The world's rediscovered species: Back from the brink?«, *PLoS ONE*, 6 (7), e22531, S. 1-8.
4 Hoffmann, M. et al. (2015), »The difference conservation makes to extinction risk of the world's ungulate«, *Conservation Biology*, 29 (5), S. 1303-1313.
5 Brooke, M. de L. et al. (2008), »Rates of movement of threatened bird species between IUCN red list categories and toward extinction«, *Conservation Biology*, 22 (2), S. 417-427. Butchart, S. H. M., Stattersfield, A. J. und Collar, N. J. (2006), »How many bird extinctions have we prevented?«, *Oryx,* 40 (03), S. 266-278.
6 Turnhout, C. A. et al. (2010), »Life-history and ecological correlates of population change in dutch breeding birds«, *Biological Conservation*, 143 (1), S. 173-181.
7 Deguignet, M. et al. (2014), *2014 United Nations List of Protected Areas,* Cambridge, UNEP-WCMC, S. 14.
8 UNO (2015), *Millenniums-Entwicklungsziele – Bericht 2015,* New York, Vereinte Nationen, S. 56.
9 United Nations Environment Programm (2014), *Protected Planet. Report 2014,* Cambridge, UNEP, S. 7.
10 Die meisten Daten, die die französischen Vögel betreffen, stammen von der Webseite der *Ligue pour la protection des oiseaux*.
11 Die meisten Daten, die die Säugetiere betreffen, stammen von der Website l'Office national de la chasse et de la faune sauvage.
12 United Nations Environment Program (2014), a.a.O., S. 25-30.
13 Mace, G. M. (2014), »Whose conservation?«, *Science,* 345, S. 1558-1560.
14 Armitage, D., Béné, C., Charles, A. T., Johnson, D. und Alli-

son, E. H. (2012), »The interplay of well-being and resilience in applying a social-ecological perspective«, *Ecology and Society*, 17 (4), S. C7-15. Chapin, III, F. S., Kofinas, G. P. und Folke, C. (Hg.) (2009), *Principles of Ecosystem Stewardship. Resilience-Based Natural Resource Management in a Changing World*, New York, Springer.

15 Fleury, C. und Prévot-Julliard, A. C. (2012), *L'Exigence de la réconciliation. Biodiversité et société*, Paris, Fayard. Rosenzweig, M. (2003), *Win-Win Ecology. How the Earth's Species can Survive in the Midst of Human Enterprise*, Oxford, Oxford University Press.

16 Arthus-Bertrand, Y. (2010), *Vu du ciel. Quand des hommes s'engagent pour la nature*, Paris, La Martinière. Bougrain-Dubourg, A. (2010), *Les Héros de la biodiversité*, Rennes, Ouest-France. Goodall, J., Maynard T. und Hudson, G. (2009), *Hope for Animals and Their World. How Endangered Species are Being Rescued From The Brink*, New York, Grand Central. Lescroart, M. (2007), »Préserver«, in Collectif, *Vive la terre*, Paris, Solar, S. 196-249.

17 Bougrain-Dubourg. A (2010), a.a.O., S. 15.

18 Chapron, G. et al. (2014), »Recovery of large carnivores in Europe's modern human-dominated landscapes«, *Science*, 346 (6216), S. 1517-1519.

DIE ENTWICKLUNG ERNEUERBARER ENERGIEN ZWISCHEN 2010 UND 2014[1]

DIE ENERGIEWENDE VOLLZIEHT SICH IN GROẞEN SCHRITTEN[2]

BALD WERDEN DIE ERNEUERBAREN ENERGIEN DIE FOSSILEN ENERGIETRÄGER ÜBERHOLEN

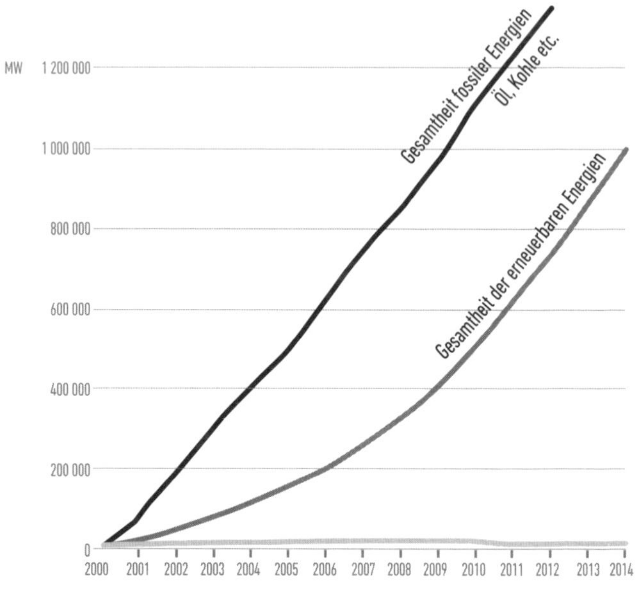

1 Rosenkranz, G. (2015), *Megatrends der Energiewende*, WWF Deutschand und LichtBlick SE, S. 17.

2 Ebd.

Eine unumkehrbare Entwicklung

Der Vormarsch der erneuerbaren Energien vollzieht sich in einem Tempo, das sich noch vor wenigen Jahren niemand hätte vorstellen können. Und zum ersten Mal ist die Menge der CO_2-Emissionen, des maßgeblichsten Treibhausgases, stabil geblieben und zwar seit drei Jahren.

Das große Ausmaß der menschengemachten Klimaerwärmung ist eine unbestreitbare Realität. Gleichzeitig war die Reaktion darauf noch nie so entschlossen wie heute. Die Energiewende ist die weltweite Antwort auf die Klimaerwärmung. Sie besteht darin, schmutzige Energien und/oder die Ursachen des Klimawandels (Kernenergie, Erdöl etc.) nach und nach durch saubere Energien (Solar, Wind, Geothermie etc.) zu ersetzen.

Die Wende vollzieht sich auf rasante Weise und übertrifft selbst die optimistischsten Prognosen von vor wenigen Jahren. Die erneuerbaren Energien, lange an den Rand gedrängt, stehen heute im Mittelpunkt der internationalen Energiepolitik. Vor allem bei den Investitionen macht sich das bemerkbar:

- Zwischen 2000 und 2012 gab es 57% neue Investitionen im Bereich erneuerbare Energien, 40% in fossile Energien und 3% in Kernenergie.[1]
- 2014 wurden 270 Milliarden Dollar in erneuerbare Energien investiert, fünfmal so viel wie zehn Jahre zuvor.[2]

Das lässt sich auch an der Energieproduktion ablesen:

- Zwischen 2004 und 2014 wuchs die Windenergie weltweit um ein Achtfaches und die Solarenergie um ein Fünfzigfaches (allein zwischen 2012 und 2014 ergab sich ein Wachstum um 60%).[3]
- Heute machen erneuerbare Energien 30% der weltweiten Energiekapazität aus.[4]
- 2015 hat die Menge der durch erneuerbare Energieträger erzeugten Energie die durch Kohle erzeugte zum ersten Mal überholt.[5]

Diese Entwicklung schlägt sich auch in der Menge der CO_2-Emissionen nieder, des maßgeblichsten Treibhausgases, die seit 2013 stabil ist. Zum ersten Mal beobachten wir dieses Phänomen in einer Phase des Wirtschaftswachstums.

Pascal Canfin, Generaldirektor des WWF Frankreich, zufolge »erleben wir zweifelsohne die ersten Anzeichen einer Abkoppelung des ökonomischen Wachstums von den CO_2-Emissionen. Auch wenn es nur ein Anfang ist, sind wir auf gutem Weg. (...) Wir haben in der Tat die besten Voraussetzungen, den Kampf zu gewinnen. Gehen wir diesen Weg also forschen Schritts weiter.«[6]

Der WWF Frankreich hat übrigens Dokumente veröffentlicht, die in Bezug auf das weltweite Engagement für die Energiewende zuversichtlich stimmen.[7]

Zu guter Letzt schafft dieser Sektor neue Arbeitsplätze. 2015 waren weltweit 9,2 Millionen Menschen in diesem Bereich beschäftigt, was im Vergleich zu 2014 einem Anstieg um 18% entspricht.[8] Ein Team des CNRS (Nationales wissenschaftliches Forschungszentrum in Frankreich) hat die Auswirkungen eines Szenarios evaluiert, wofür die Vereinigung *négaWatt* wirbt. Demnach ist eine Energiewende möglich, die es erlaubt, bis 2050 ganz auf Kernenergie und fast gänzlich auf fossile Energie zu verzichten. Dieses Szenario würde sich auch positiv auf den französischen Arbeitsmarkt niederschlagen – in der Größenordnung von 240.000 Vollzeitstellen in 2020 und 630.000 in 2030.[9]

GRÜNDE FÜR DIESE DYNAMIK

Technologischer Fortschritt

Die Effizienz der Erneuerbaren-Energien-Technologie hat sich in den letzten Jahren wesentlich verbessert, wodurch sie immer attraktiver werden. Zwischen 2009 und 2014 sanken die Kosten für Windenergie um ein Drittel und die der Solarenergie im selben Zeitraum um 80%[10], sodass die erneuerbaren Energien auf bestem Weg sind, die billigste aller Energiearten zu werden. Ein 2015 von der französischen Umwelt- und Energiebehörde veröffentlichter Bericht bestätigt, dass Frankreich bis zum Jahr 2050 seinen gesamten Elektrizitätsbedarf durch erneuerbare Energien decken könnte, wobei die Kosten vergleichbar mit denen der Kernenergie wären.[11] Innovationen wie etwa die biegsamen Solarpaneele, die die französische Firma Armor entwickelt hat, dürften die Verbreitung dieser Energien in den nächsten Jahren vermutlich noch beschleunigen.

Wachsendes Bewusstsein für die Bedrohungen unseres Planeten

Ohne den Faktor Mensch ist auch die beste Technologie nutzlos.

Mittlerweile ist sich ein großer Teil der Menschheit der Bedrohungen durch die Klimaerwärmung bewusst. Wissenschaftler und Umweltaktivisten weisen unermüdlich und öffentlichkeitswirksam auf die Gefahren hin. Sowohl Industrielle als auch Politiker sind heutzutage von der Notwendigkeit zu handeln überzeugt. Während der letzten Jahre hat sich die Dynamik grundlegend verändert. Laut Adnan Z. Amin, dem Generaldirektor der Internationalen Organisation für Erneuerbare Energien, gibt es, sofern der politische Wille und ein günstiges Umfeld für Investitionen vorhanden sind, weltweit ausreichend Ressourcen, um den Übergang hin zu einer Wirtschaft mit geringen CO_2-Emissionen mittels erneuerbarer Energien zu bewerkstelligen, und zwar nicht erst in der Zukunft, sondern bereits jetzt«[12].

Verantwortungsgefühl und das Bewusstsein, dass alle an einem Strang ziehen müssen

Im Rahmen der Internationalen Klimakonferenz von Paris im Jahr 2015 hat sich die internationale Gemeinschaft verpflichtet, die globale Erwärmung langfristig auf weniger als zwei Grad Celsius zu begrenzen und in der Folge weitere Anstrengungen zu unternehmen, um diese Höchstgrenze auf 1,5 Grad zu senken. Einige

Stimmen haben den nicht verpflichtenden Charakter dieser Vereinbarung kritisiert. Aber das ist genau der Grund, warum sich so viele Staaten beteiligt haben, genau wie beim Montreal-Protokoll in Bezug auf das Ozonproblem (siehe Kapitel 10). Um wirksam zu werden, musste das Pariser Klimaabkommen von 55 Ländern ratifiziert werden, die zusammen für mindestens 55% der klimaschädlichen Emissionen verantwortlich sind; das Abkommen kam binnen weniger als einem Jahr zustande, ein absoluter Rekord in der Geschichte internationaler Vereinbarungen, und hat nicht wenige überrascht.

Im Übrigen ist es notwendig, dass die Menschen – vor allem die Bewohner der nördlichen Hemisphäre – den Irrglauben ablegen, das Recht auf einen uneingeschränkten Verbrauch an Ressourcen sei für ihr Glück unabdingbar. Besser sollten sich die Menschen die Formel »Glückliche Genügsamkeit« von Pierre Rabhi[13] zu eigen machen.

EINE UNUMKEHRBARE ENTWICKLUNG

In der Abschlusserklärung der Staatschefs bei der UN-Klimakonferenz in Marrakesch im November 2016 heißt es: »Im Lauf dieses Jahres haben wir bei zahlreichen multilateralen Begegnungen und in der ganzen Welt einen bemerkenswerten Elan in Bezug auf das Thema Klimawandel gespürt. Dieser Elan ist nicht mehr aufzuhalten.«[14]

Die Wahl Donald Trumps, entschlossener Skeptiker des Klimawandels, zum Präsidenten der Vereinigten Staaten lässt bisweilen das Schlimmste befürchten. Doch, wie es Pascal Canfin unterstreicht, den ich bereits zitiert habe, war die Klimakonferenz von Marrakesch die Gelegenheit zu einem ersten Stresstest in Bezug auf den Trump-Effekt für die internationale Gemeinschaft. Würden die anderen Industrienationen dann ebenfalls ihre Zusagen revidieren, wo doch der Erfolg einer solchen Vereinbarung von den Anstrengungen aller abhängt? Genau das Gegenteil ist eingetroffen. Im Übrigen haben 360 in den USA und Europa ansässige Unternehmen an Trump appelliert, am Pariser Klimschutzabkommen festzuhalten, für das sich die USA starkgemacht hatte.

VORSICHT IST WEITERHIN GEBOTEN

Die Wahl Donald Trumps ist unbestreitbar eine schlechte Nachricht für unseren Planeten; sie ermutigt indes die amerikanische Zivilgesellschaft, Industrie und andere Staatschefs zu größerer Wachsamkeit.

Noch immer glauben zahlreiche Politiker zu Unrecht, dass die erneuerbaren Energien nicht effizient und konkurrenzfähig seien.

Anmerkungen

1 Rosenkranz, G. (2015), *Megatrends der globalen Entergiewende,* WWF Deutschland und LichtBlick SE, S. 31.
2 International Renewable Energy Agency (IRENA) (2016), *IRENA 2014-2015. At a Glance, Abu Dabi, IRENA*, S. 6.
3 Rosenkranz, G. (2015), a.a.O., S. 27, 29.
4 IRENA (2016), a.a.O., S. 6.
5 International Energy Agency (2016), *Renewable Energy Medium-Term Market Report. Executive Summary*, Paris, IEA, S. 3.
6 Canfin, P. (3. September 2016), »La transition énergétique mondiale est en marche«, *Le Monde*.
7 WWF France (2016), *15 signaux prouvant que la transition* énergétique *est en marche,* Paris, WWF. Rosenkranz, G. (2015), a.a.O.
8 IRENA (2016), a.a.O., S. 8. Diese Zahl umfasst 1,5 Millionen Arbeitsplätze im Bereich Wasserkraft, die von anderen Agenturen nicht im Sektor erneuerbare Energien aufgeführt werden.
9 Quirion, P. (2013), *L'Effet net sur l'emploi de la transition* énergétique *en France. Une analyse input-output du scénario négaWatt,* Nogent-sur-Marne, CIRED.
10 IRENA (2015), *Rethinking Energy. Renewable Energy and Climate Change,* Abou Dabi, IRENA.
11 Agence de l'environnement et de la maîtrise de l'énergie (2015), *Un mix* électrique *100 % renouvelable? Analyses et optimisations,* Angers, Ademe.
12 IRENA (2016), a.a.O, S. 19.
13 Rabhi, P. (2015), *Glückliche Genügsamkeit*, Berlin, Matthes & Seitz.
14 UNFCCC (2016). *Marrakech Action Proclamation for Our Climate and Sustainable Development.*

4

NOCH NIE GAB ES SO WENIG GEWALT IN DER WELT

ES GIBT SO GUT WIE KEINE INTERNATIONALEN KRIEGE MEHR

STERBERATE IN BEWAFFNETEN KONFLIKTEN

(1946 – 2013)[1]

1 Mack, A. und Pinker, S. (30. Dezembre 2014), »Non, le monde n'est pas en train de sombrer dans le chaos«.

Heutige Kriege verursachen weniger Todesfälle als frühere

Kriege zwischen Staaten, die früher Hunderte Millionen von Toten forderten, gibt es heute kaum mehr. Den Bürgerkriegen fallen trotz großer Gewalt weitaus weniger Menschen zum Opfer.

Die Medien informieren uns tagtäglich über andauernde Kriege. Obwohl ganz gewiss sehr besorgniserregend, verstellen uns diese Konflikte den Blick dafür, dass es in den letzten Jahrzehnten beträchtlich weniger Tote durch Kriege gab als früher.

2015 starben ungefähr 150.000 Menschen durch Kriege; von 1.000 Sterbefällen weltweit sind drei Kriegen geschuldet.[1] Leider hat sich die Situation seit 2010 wieder verschlimmert, aber trotzdem bleibt die Zahl der Kriegstoten bei weitem unter der vergangener Epochen. Extrem hohe Opferzahlen, in Bürgerkriegen eher selten, waren in den internationalen Kriegen von früher gang und gäbe. Erinnern wir uns daran, dass der Zweite Weltkrieg 60 Millionen Todesopfer forderte, die Eroberungszüge der Mongolen unter Dschingis Khan und seinen Nachfolgern (im achten Jahrhundert) 40 Millionen, die »Stalin'schen Säuberungen« 20 Millionen und die Napoleonischen Kriege fünf Millionen.

John Mueller untersuchte 1989 als einer der Ersten dieses so gut wie von der Bildfläche verschwundene Phänomen der internationalen Kriege[2]. Ihm zufolge erscheinen Kriege zwischen Großmächten zunehmend ebenso abstoßend wie unsinnig.[3]

Abstoßend, weil sie ihr früheres Prestige eingebüßt haben: Der Krieg ist nicht länger Synonym für Mut und Tugend und trägt dem, der ihn führt, keinen Ruhm mehr ein. Unsinnig, weil sich die internationalen Zielsetzungen der Staatschefs verändert haben. Früher waren dies Gebietseroberungen, Demonstration von Macht oder die Verbreitung einer Ideologie oder Religion, während es den Staaten heute vor allem um Wirtschaftswachstum geht, und das kann ein Krieg nur bremsen. Aufgrund dieser »Werteverschiebung«[4] wird der Krieg heutzutage im Allgemeinen bestenfalls als allerletztes Mittel betrachtet, im Grunde jedoch ein Gräuel, das man um jeden Preis verhindern will.

Dieser Prozess verlief graduell, was erklärt, warum er in gewissen Abständen in verheerender Weise wiederauflebte, wie zum Beispiel in den beiden Weltkriegen. Doch in Wirklichkeit haben diese beiden Tragödien nur zu einer noch stärkeren Ablehnung des Krieges geführt.[5] Muellers These wurde immer wieder ausgiebig diskutiert, wird aber weitestgehend als plausibel erachtet[6] und gibt Anlass zu Optimismus[7], wenngleich die Gefahr des Wiederauflebens von Kriegen nach wie vor nicht gebannt ist, jedenfalls von regionalen, wie wir sie seit einigen Jahren wieder vermehrt beobachten.

In einem vor mehr als dreißig Jahren veröffentlichten Aufsatz entwickelte Michael Doyle, Professor für Internationale Politik an der Columbia University, das Konzept des »demokratischen Friedens«[8]. Anhand empirischer Daten zeigte er, dass sich Demokratien nicht bekriegen, eine Theorie, die schon Emmanuel Kant (1724-1804) entworfen hatte[9]. Seitdem haben sich zahlreiche Untersuchungen dem Thema »demokratischer Frieden« gewidmet.[10] Mit folgender Bilanz: Heute gilt es als das fundierteste empirische Gesetz auf dem Gebiet internationaler Beziehungen, das sich bis auf sehr wenige Ausnahmen bestätigt hat. Eine Zusammenschau der Studien über die Beziehungen aller Länder der Erde zwischen 1885 und 2001 bestätigt Doyles Theorie.[11] Und wie erklärt sich der »demokratische Frieden«?

Die demokratischen Normen

Die innenpolitischen Mechanismen einer Demokratie beruhen auf dem Prinzip, dass Konflikte friedlich gelöst werden können und müssen. Auch die Außenpolitik demokratischer Staaten beruft sich auf dieses Prinzip. Gegenüber einem anderen demokratischen Land gilt Gewalt als illegitimes Mittel der Konfliktbewältigung. Andererseits bekriegen Demokratien hin und wieder autokratische Regime und berufen sich darauf, dass diese die Freiheitsrechte ihrer Bürger nicht respektieren.

Die Absage demokratischer Bevölkerungen an den Krieg

Eine sich auf 72 Länder erstreckende Studie für den Zeitraum 1981 bis 2008 zeigt, dass die Einwohner demokratischer Staaten militärischen Interventionen sehr viel ablehnender gegenüberstehen als die nicht demokratischer Länder.[12] Da die Kriegskosten von den Steuerzahlern bezahlt werden müssen, riskiert die Regierungspartei, die in einen Krieg getreten ist, nicht wiedergewählt zu werden, vor allem, wenn sie ihn verloren hat oder wenn er besonders kostspielig war.«[13]

Der »wirtschaftliche Frieden«

Die Handelsbeziehungen zwischen zwei Ländern senken das Risiko eines bewaffneten Konflikts, zum einen weil es im Interesse beider Parteien ist, zum anderen weil sie das kulturelle Verständnis füreinander vertiefen. Eine Untersuchung verschiedener Kriege zwischen 1885 und 2001 zeigt, dass die wirtschaftliche Verflechtung zweier Staaten das Risiko eines Krieges um 88% reduziert.[14]

Man darf sich also über die wachsende Zahl an Demokratien in der Welt freuen (siehe Kapitel 4), eine Entwicklung, die eine friedlichere Welt verheißt.

DIE MENSCHLICHE SICHERHEIT (HUMAN SECURITY) – EIN ERWEITERTES SICHERHEITSKONZEPT

Im Lauf der Jahre hat sich im Rahmen der Untersuchungen von internationalen Beziehungen eine neue Definition des Konzepts »menschliche Sicherheit« entwickelt. Laut dem neuen Ansatz, der im Bericht des UNPD (United Nations Development Program)[15] aus dem Jahr 1994 ins Leben gerufen wurde, steht neuerdings, wenn es um Sicherheit geht, der Mensch, und nicht mehr so sehr der Staat, im Mittelpunkt der Betrachtung. Das UNPD kommt zu dem Schluss, dass »für die Mehrheit der Menschen das Gefühl der Unsicherheit sehr viel öfter durch Alltagssorgen hervorgerufen wird als durch die Angst vor einer weltweiten Katastrophe«, sodass »man von einem militärisch fundierten Sicherheitskonzept wegrücken und stattdessen zu einer Sicherheit gelangen muss, die durch eine nachhaltige humanitäre Entwicklung garantiert wird«.[16]

Das Konzept der menschlichen Sicherheit umfasst die wirtschaftliche, persönliche (Schutz vor Kriminalität, Kriegen und Folter), gemeinschaftliche (der Respekt vor kulturellen Traditionen) und politische (Menschenrechte und Bürgerrechte gegenüber dem Staat) Sicherheit als auch jene hinsichtlich Ernährung, Gesundheit und Umwelt. Dieses Prinzip haben sich zahlreiche Länder zur Grundlage ihrer Außenpolitik gemacht.

VORSICHT IST WEITERHIN GEBOTEN

Michael Doyles These vom demokratischen Frieden schließt freilich die Möglichkeit nicht aus, dass es zu Kriegen zwischen Demokratien und Autokratien oder zwischen Autokratien kommt. Die Regierung G.W. Bush hat sich sogar auf den Grundsatz des demokratischen Friedens berufen, um Kriege zu führen, mit dem Argument, dass man durch die gewaltsame Einsetzung einer Demokratie der Welt Frieden bringen könne. Eine erstaunlich paradoxe Argumentation, die durch die Wirklichkeit widerlegt wurde.

Was die These von John Mueller betrifft, dass Kriege zwischen großen Mächten obsolet seien, so ist anzumerken, dass dies die Gefahr von Bürgerkriegen nicht ausschließt.

Anmerkungen

1 World Health Organization (2016), *World Health Statistics 2016. Monitoring Health for the SDGs*, Genf, WHO, S. 100.

2 Mueller, J. (1989), *Retreat from Doomsday. The obsolescence of Major War*, New York, Basic Books.

3 Ebd., S. 4, 217.

4 Ebd., S. 221.

5 Ebd., S. 55.

6 Fortmann M. und Gomand J. (2004), »L'obsolescence des guerres interétatiques? Une relecture de John Mueller«, *Raisons politiques*, 13, 79-96.

7 David, C.-P. (2013), »Repenser la guerre et la paix au xxiè siècle«, *Politique* étrangère, 3, S. 27-38. Fettweis, C. (2010), *Dangerous Time? The International Politics of Great Power Peace*, Washington, Georgetown University

Press. V.yrynen, R. (Hg.) (2006), *The Waning of Major War. Theories and Debates,* New York, Routledge.

8 Doyle, M. (1983), »Kant, liberal legacies, and foreign affairs«, *Philosophy and Foreign Affairs,* 12 (3), S. 205-235.

9 Kant, E. (2000), *Zum ewigen Frieden. Ein philosophischer Entwurf,* Stuttgart, Reclam.

10 Die angelsächsiche Literatur hierzu ist zu zahlreich, um sie im Einzelnen aufzulisten. Für Frankreich siehe z.B.: Blin A. (2001), *Géopolitique de la paix démocratique,* Paris, Éditions Charles Léopold Mayer.

11 Oneal J. R. und Russett B. (2004), »la recherche de la paix dans un monde d'après guerre froide caractèrisé par l'hégémonie et le terrorisme«, Études *internationales,* 35 (4), S. 641-665.

12 Jakobsen, J., Jakobsen, T. G. und Ekevold, E. R. (2016), »Democratic peace and the norms of the public. A multilevel analysis of the relationship between regime type and citizens' bellicosity. 1981-2008«, *Review of International studies,* 42 (5), S. 968-991.

13 Oneal und Russett (2004), a.a.O., S. 648.

14 Ebd., S. 654.

15 UNPD (1994), *Human Develoment Report 2014,* New York, United Nations Development Programm. Siehe auch Rioux, J.-F. (dir.) (2002), *La Sécurité humaine. Une nouvellc conception des relations internationales,* Paris, L'Harmattan.

16 UNPD (1994), ebd., S. 3, 26.

IM JAHR 2015 STARBEN IN FRANKREICH

WARUM TERRORGRUPPEN IHREN GEWALTSAMEN KAMPF AUFGEBEN[1]

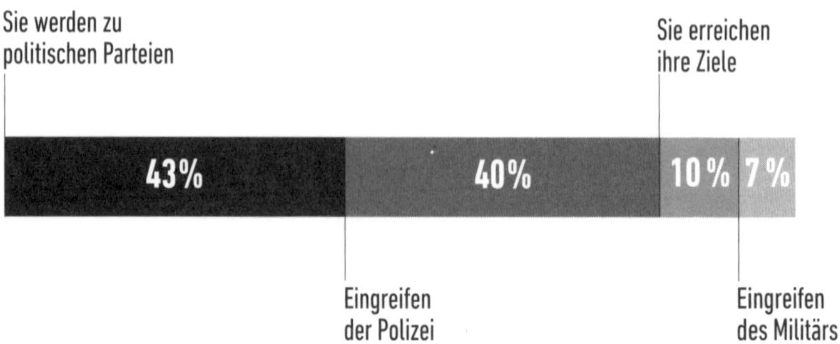

1 Jones, S. G. und Libicki, M. C. (2008), *How Terrorist Groups End. Lessons for Countering al Qa'ida*, Santa Monica, RAND Corporation, S. 19.

TERRORISMUS 16

Wir sollten den Terroristen nicht auf den Leim gehen, indem wir glauben, sie besiegen zu können!

Die Macht des Terrorismus besteht darin, Angst zu schüren. Wir sollten uns weigern, uns in diese Spirale aus Angst und Hass hineinziehen zu lassen. Die verantwortlichen Politiker, Medien und die Zivilgesellschaft sollten ihren Teil der Verantwortung dafür übernehmen. Denn wenn man die Zahlen betrachtet, stellt man fest, die Wahrscheinlichkeit, Opfer eines terroristischen Attentats zu werden, ist äußerst gering.

Terroristische Anschläge haben in den letzten Jahren stark zugenommen. Europa war besonders 2015 (Paris) und 2016 (Brüssel und Nizza) betroffen.

DAS RISIKO, OPFER EINES ANSCHLAGS ZU WERDEN, IST ÄUSSERST GERING

Im gleichen Maß wie der Terrorismus hat auch die Angst vor ihm zugenommen. 2014 sahen nur 2,5% der Franzosen in ihm das größte Problem, während es 2016 30,7% waren, womit der Terrorismus gleich nach Arbeitslosigkeit (31%) und weit vor der Armut (10,5%) als schlimmste Bedrohung wahrgenommen wird.[1] Angesichts der Ereignisse von 2015 absolut verständlich.

Und doch auch wieder nicht! Dass die Attentate mehr Anlass zur Sorge sind als noch 2014, ist verständlich; dass sie nahezu an der Spitze der wahrgenommenen Bedrohungen rangieren, ist nicht mehr logisch, sondern eindeutig psycho-logisch. Sicher, die Ereignisse waren schrecklich, und es geht hier nicht darum, sie zu relativieren. Doch in quantitativer Hinsicht sollte man einen kühlen Kopf bewahren. Denn die Zahl der durch Terrorismus getöteten Menschen ist wesentlich kleiner als die durch andere Todesarten. Die Attentate von 2015 in Frankreich haben 149 Todesopfer gefordert, während im selben Jahr

- bei Autounfällen 3.616 Menschen ums Leben kamen, also fast 75 Mal mehr;
- 10.000 bis 11.000 Menschen durch Suizid starben, also 68 bis 75 Mal mehr;
- Unfälle im Alltag 20.000 Tote forderten, 136 Mal mehr;
- 73.000 Menschen an Tabakkonsum starben, also fast 500 Mal mehr.

Mit anderen Worten verursachen die Zigarettenhersteller an einem »normalen Tag« mehr Tote als die Terroristen in dem Jahr mit den mörderischsten Attentaten bislang!

Das Echo der Medien und der Politik auf die Attentate und die durch sie ausgelöste Angst stehen also in keinem Verhältnis zu ihrer Bedeutung, gemessen an den von ihnen geforderten Menschenleben. Lassen Sie uns in Ruhe darüber nachdenken. Wenn wir uns so sehr wegen der Attentate in Frankreich Sorgen machen, sollten wir uns mindestens ebenso vor sehr viel wahrscheinlicheren Todesarten fürchten: vor einem Unfall, einer ansteckenden Krankheit oder einer Herz-Kreislauf-Erkrankung, vor Krebs, einem Sturz, Brand, Ertrinken etc. Aber, könnte man mir erwidern: »Wie können Sie diese Todesarten mit einem Attentat vergleichen? Die emotionalen Folgen von einer derart gewalttätigen und absichtlich begangenen Tat sind weitaus größer als die der genannten menschlichen Verhaltensweisen oder Umstände, die gewiss ebenso tödlich sein können, aber nicht dazu bestimmt sind, den Tod anderer zu verursachen!«

Sicher, aber …

WAS DIE TERRORISTEN BEABSICHTIGEN

… genau auf diese Reaktion zielen die Terroristen ab. Wenn es ihre Absicht wäre, den Staat zu schwächen, würden sie vorwiegend militärische Ziele oder Regierungsbehörden angreifen. Stattdessen verüben sie Anschläge auf die Bevölkerung, um damit Angst und Schrecken zu säen. Der Terrorismus will Terror verbreiten, ganz einfach. Das hat Osama bin Laden klar und deutlich gesagt: »(Es ist) leicht für uns, diese Regierung zu provozieren und zu ködern. Wir müssen nur zwei Mudschaheddins an einen Ort ganz im Osten schicken, wo sie ein Stück Stoff mit der Aufschrift Al-Quaida hochhalten, und schon drehen die Generäle durch und ergreifen Maßnahmen, die menschliche, wirtschaftliche und politische Schäden für Amerika verursachen.«[2]

Die Macht des Terrorismus liegt demnach in seiner enormen emotionalen Wirkung. Sobald die Emotionen entfacht sind, setzt der Verstand aus und mit ihm die Fähigkeit, eine statistische Wahrscheinlichkeit einzuschätzen.[3] Wenn sich die Angst einmal eingenistet hat, nimmt die Vernunft Reißaus. Die Medien und verantwortlichen Politiker gehen den Terroristen auf den Leim, reagieren sie doch genau so, wie von diesen beabsichtigt, und verwenden eine Sprache der Angst (siehe Kapitel »Drei gute Gründe für ...«).

John Mueller, Politikprofessor an der Ohio State University, sieht in den Reaktionen auf die Attentate eine größere Bedrohung als in den Attentaten selbst.[4] Zum Beispiel gab die amerikanische Regierung nach den Anthrax-Anschlägen 2001 Unsummen für einen unnützen Impfstoff gegen Milzbrand aus, während die Vorräte an Grippeimpfstoff bei weitem nicht ausreichten. 2005 kritisierten 758 Wissenschaftler, darunter einige Nobelpreisträger, die Regierung dafür, dass immer mehr Mittel von der Erforschung stark infektiöser Krankheitserreger abgezogen und stattdessen für die Biosicherheit aufgewandt würden, also für die Erforschung zweifelhafter infektiöser Mikroorganismen, die kaum eine Bedeutung für die öffentliche Gesundheit hätten.

Des Weiteren verwendeten die USA einen Großteil der Nothilfemittel für die Bekämpfung des Terrorismus anstatt für Naturkatastrophen. Zwei Milliarden Dollar wurden für Antiterromaßnahmen eingesetzt gegenüber lediglich 180 Millionen (weniger als ein Zehntel) für Naturkatstrophen, eine Tatsache, die wohl auch 2005 eine Rolle beim kläglichen Katastrophenmanagement der Regierung Bush angesichts von Hurrikan Katrina gespielt haben dürfte. 67% des Personals des FBI, das ursprünglich für die Ermittlung von Straftaten zuständig war, wurde für die Terrorismusbekämpfung abgezogen, was laut Aussage der Verantwortlichen bei den Polizeibehörden den Anstieg der Kriminalität im Jahr 2005 erklärt.

Nicht nur der Staat neigt bei Attentaten zu Überreaktionen, sondern auch die Bürger. Eine Forschergruppe interessierte sich für ein klassisches Reaktionsmuster: Nach den Attentaten vom 11. September 2001 mieden zahlreiche Menschen in den USA Flugzeuge (eines der sichersten Transportmittel) und stiegen auf das Auto um. Das führte in den drei Monaten nach den Attentaten zu einem Anstieg von mehr als tausend Toten durch Autounfälle.[5] Im Übrigen erzeugt eine Politik, die den Fokus auf Terrorgefahr legt, bei der Bevölkerung eine höhere Zustimmung (siehe Kapitel »Drei gute Gründe ...«).

DIE ROLLE DER MEDIEN

Marshall McLuhan, der einer der renommiertesten Kommunikationstheoretiker war, verkündete eines Tages, dass »es ohne die Medien keinen Terrorismus gäbe«[6]. Der Terrorismus und die Medien stehen in symbiotischer Beziehung zueinander[7] – jeder profitiert von dem anderen. Diese Beziehung lässt sich mit folgendem abstoßenden Befund beschreiben: Je mehr Opfer ein Attentat fordert, desto größer die mediale

Aufmerksamkeit, was die Terroristen wiederum zu möglichst harten Anschlägen anspornt.

Darüber hinaus steigt die Aufmerksamkeit, die ein Ereignis erfährt, proportional zu dem vorhandenen medialen Material (vor allem audiovisuellem). Dem Schweizer Wirtschaftswissenschaftler Bruno Frey zufolge haben Terroristen in Lateinamerika und Nordafrika hauptsächlich aus diesem Grund ihre Aktivitäten von ländlichen Gebieten in Städte verlagert.[8] Dort, vor allem in Hauptstädten, können sie auf die Präsenz von Reportern und Fernsehkameras zählen. Wenn in einem abgelegenen Dorf ein Dutzend Menschen ermordet wird, findet das nur selten Eingang in die Berichterstattung, während ein Anschlag dieser Größenordnung in einer Hauptstadt für ein großes Medienecho sorgt.

Diese Wechselbeziehung setzt sich noch fort: Das mediale Echo erhöht, durch eine Art Ansteckungseffekt, die Wahrscheinlichkeit, dass weitere Terrorakte begangen werden.[9] Die Bilder von Gewaltakten senken bei bestimmten Zielgruppen die Hemmschwelle für Gewaltbereitschaft und haben das Potenzial, zur Nachahmung anzuregen. In einigen Biografien von Terroristen ist nachzulesen, dass die Betreffenden erst zu ihren Taten motiviert wurden, nachdem sie gesehen hatten, wie erfolgreich ihre Vorreiter waren.[10]

Angeregt durch die in der *New York Times* erschiene Artikelserie zu Terrorattentaten in 189 Ländern führte Michael Jetter von der University of Western Australia eine statistische Untersuchung durch und kam zu dem Schluss, dass jeder Artikel das Risiko eines weiteren Anschlags um 11 bis 15% erhöht.[11] Die daraus zu ziehende Lehre ist eindeutig: Die Medien sollten ganz einfach weniger über den Terrorismus berichten. Nicht selten füllt ein Attentat mit ungefähr einem Dutzend Opfern heutzutage eine Woche lang die Titelseiten der Zeitungen – vor allem, wenn es in einer westlichen Stadt verübt wurde. Würden die Zeitungen lediglich unter einer untergeordneten Rubrik darüber berichten und zwar maximal auf einer Achtelseite, würden diese Taten einen wesentlich geringeren Nachahmungseffekt haben.

DER TERRORISMUS IST EINE INEFFIZIENTE STRATEGIE

Einige Untersuchungen kamen zunächst zu dem Ergebnis, dass der Terrorismus eine wirksame politische Strategie sei.[12] Allerdings bezogen sie sich auf ein paar wenige spektakuläre Fälle, ohne die allgemeine Situation zu beleuchten. Max Abrahms, Assistant Professor an der Northeastern University, widmete diesem Thema ein breitangelegtes Rechercheprojekt. In seiner ersten Untersuchung[13] stützte er sich auf die komplette Liste mit 28 Terrorgruppen, die vom amerikanischen Außenministerium verfasst wurde, und stellte fest, dass die Terrorgruppierungen lediglich in sieben Prozent der Fälle ihre Ziele erreichen. Die Gruppen, die mit ihren Attentaten auf die Zivilbevölkerung abzielen statt auf militärische Einrichtungen, scheitern regelmäßig bei ihren Versuchen. Abrahms zufolge gehen die Regierungen der Staaten, deren

Zivilbevölkerung angegriffen wird, davon aus, dass die Terroristen keine klar umrissenen Ziele verfolgen (wie zum Beispiel ein bestimmtes Gebiet zu erobern oder die Armut zu beseitigen), sondern die gesamte Gesellschaft treffen wollen, weswegen sie zu keinerlei Zugeständnissen bereit sind.

In einer jüngeren Untersuchung zu 125 Terroranschlägen bestätigt der Autor seine These, dass die Attacken gegen zivile Opfer weniger effizient sind als ein Guerillakrieg gegen das Militär, wenn es darum geht, eine Regierung zu Zugeständnissen zu bewegen.[14] Eine andere Wissenschaftlerin kommt im Rahmen ihrer Zusammenschau der einschlägigen Studien aus jüngerer Zeit zum gleichen Ergebnis.[15]

Audrey Kurth Cronin, Strategieprofessorin am National War College in Washington, untersuchte, was bestimmte Terroristengruppen dazu brachte, ihre Gewaltakte zu beenden. Sie stellt fest, dass der Terrorismus in der Regel kontraproduktiv ist und weniger als 5% der Gruppen ihre Ziele erreichen.[16] Und falls doch, »sind diese Aktionen trotz Gewaltanwendung gegen unschuldige Zivilisten und nicht wegen dieser von Erfolg gekrönt«.[17]

Wesentlich öfter erreichen hingegen Aktivisten ihre Ziele als Terroristen, wie Erica Chenoweth und Maria Stephan aufzeigten, zwei Politikwissenschaftlerinnen.[18] Sie verglichen die Ergebnisse, die 323 gewalttätige Akte (Terror, Guerilla, Aufstand) sowie gewaltfreie Aktionen (Demonstrationen, Streiks, Boykotte etc.) im Zeitraum von 1900 bis 2006 jeweils erzielten. Während 53% der gewaltfreien Aktionen erfolgreich waren, waren es bei gewalttätigen Akten nur 26%. Das hat zwei Gründe: Einerseits erhöht die Gewaltfreiheit die Legitimität einer Kampagne, sowohl im In- als auch im Ausland, und ermutigt mehr Menschen, sich zu beteiligen, und andererseits kann die Regierung den Einsatz von Gewalt gegenüber nicht gewalttätigen Gegnern schwerlich rechtfertigen. Gewaltfreie Kampagnen besitzen also einen strategischen Vorteil und führen eher dazu, dass die Regierung bereit ist, mit der jeweiligen Gruppe in Verhandlung zu treten.

Auch zeigt die Studie, dass im Fall von Gewaltanwendung seitens des Staates die gewaltfreien Kampagnen mit sechsmal höherer Wahrscheinlichkeit erfolgreich sind als gewalttätige Aktionen und mit zwölfmal höherer Wahrscheinlichkeit zu Zugeständnissen führen.

DIE VERSCHIEDENEN ARTEN VON ANTITERRORMASSNAHMEN SIND GLEICHERMASSEN WIRKUNGSLOS

Wenn der Terrorismus ineffizient ist, was ist dann mit den Anti-Terror-Maßnahmen? Drei Wissenschaftler, die die erste Studie zur Bewertung der verschiedenen Antiterrorstrategien durchführten[19], gelangten diesbezüglich zu einigen erstaunlichen Erkenntnissen. Sie sichteten mehr als 20.000 Dokumente über den Terrorismus, die zwischen 1971 und 2002 veröffentlicht wurden. Die Autoren fragten sich, ob die ergriffenen Maßnahmen die Wahrscheinlichkeit von Terrorakten und den durch sie verursachten Schaden gesenkt haben.

	WIRKSAM Der Terrorismus nahm ab	NEUTRAL Kein statistischer Effekt	NEGATIV Terrorismus nahm zu
Metalldetektoren	12	3	13
Abriegelung von Botschaften und Schutz von Diplomaten	3	19	6
Verschärfung der Sanktionen	0	2	0
Resolutionen und Konventionen der UNO gegen den Terrorismus	2	2	0
Militärschläge	0	5	6

Und gelangen zu einer überraschenden Feststellung. Die Mehrheit der Methoden zeitigt eine fast ebenso große negative wie positive Wirkung, wie diese Tabelle veranschaulicht. Die einzige Maßnahme, die eine gewisse Wirksamkeit ohne negative Begleiterscheinungen aufweist, sind die Resolutionen und Konventionen der UNO.

Unter all den Dokumenten weisen nur sieben eine wissenschaftliche Evaluierung der jeweiligen Programme auf.

Die Autoren dieser Untersuchung gelangen zu dem Schluss, »es gibt keine statistische Signifikanz dafür, dass die Maßnahmen eine Wirkung auf den Terrorismus haben«[20].

Wir sehen uns also einer rätselhaften Situation gegenüber: Sowohl Terrorismus als auch Anti-Terror-Maßnahmen sind wirkungslos (mit Ausnahme von Polizeiaktionen, wie wir später noch sehen werden). Das ist eine Lose-lose-Situation. Eigentlich müsste man doch annehmen, je mehr man gewinnt, desto mehr verliert die Gegenseite. Wie ist das zu verstehen? Die Attentate auf das Word Trade Center und die darauffolgende Bush-Doktrin des Kriegs gegen den Terror werfen ein Schlaglicht auf diesen Zusammenhang. Das ultimative Ziel Bin Ladens, alle Muslime in einem wiedererstandenen Kalifat zu vereinen, ist gescheitert. Und was die USA betrifft, so sind sie in die Kriegsfalle getappt[21] – den längsten Krieg ihrer Geschichte, der sie bereits riesige Summen gekostet hat (mehr als 1.000 Milliarden Dollar), ohne dass der Feind besiegt ist. Barack Obama bekräftigte zwar, dass die Al-Qaida dezimiert sei, an ihre Stelle sind aber zahlreiche andere terroristische Organisationen getreten, allen voran der sogenannte Islamische Staat.

ERSTER ANLASS ZUR HOFFNUNG: DIE ABKEHR VOM TERRORISMUS DURCH MILITANTE GRUPPEN

Die Situation ist dennoch nicht hoffnungslos. Aus mindestens drei Gründen. Erstens hören alle terroristischen Anschläge früher oder später auf. In der Geschichte der Moderne hat es vier große Terrorismuswellen gegeben:[22]

- ungefähr zwischen 1880 und 1920 eine anarchistische,
- ungefähr zwischen 1920 und 1960 eine antikolonialistische,
- zwischen 1960 und 1990 eine linksextremistische
- und seit 1979 bis heute eine religiöse.

Die ersten drei Wellen haben, wie man sehen kann, zwischen 30 und 40 Jahre gedauert, was hoffen lässt, dass die aktuelle Welle in nicht allzu ferner Zukunft abklingen wird.

Die Abkehr vom Terror ist das Resultat individueller und kollektiver Entscheidungen.

Wenn sich jemand persönlich dafür entscheidet, kann dies Meinungsverschiedenheiten mit der Organisation geschuldet sein, vor allem, wenn er Zugang zum innersten Zirkel und die dunkelsten Seiten kennengelernt hatte, oder dem Gefühl, dass es ein ungleicher Kampf ist, oder weil er es leid ist, immer auf der Flucht zu sein und im Untergrund zu leben, etc. In den letzten Jahren wurde eine Flut an Autobiografien veröffentlicht, die einen solchen Werdegang beschreiben.[23]

Aber betrachten wir ein wenig eingehender die kollektiven Entscheidungen, die naturgemäß stärker ins Gewicht fallen. Diese Art von Abkehr vom Terrorismus ist verbreiteter, als man denkt. Sehen wir uns ein paar Ereignisse aus jüngster Vergangenheit an:

- *Nordirland*: am 8. Februar 2010 teilt die IRA mit, ihr Waffenarsenal unter Aufsicht der Internationalen Entwaffnungskommission abgegeben zu haben.

- *Baskenland*: Am 20. Oktober 2011 verkündet die ETA, ihre bewaffneten Aktivitäten endgültig eingestellt zu haben.
- *Korsika*: Am 25. Juni 2014 kündigt der FLNC an, er werde »unverzüglich die Waffen niederlegen und den Untergrund verlassen«.
- *Kolumbien*: Am 23. Juni 2016 geben die kolumbianische Regierung und die FARC den endgültigen Waffenstillstand bekannt.

Laut Véronique Dudouet, die an der Berghof Foundation in Berlin forscht, ist ein wichtiger Faktor in diesem Prozess die Erkenntnis der Terroristen, dass der bewaffnete Aufstand die Kosten, die er verursacht, nicht rechtfertigt.[24] Auch die Ablehnung von Gewalt durch die Volksgruppen, die die Terroristen angeblich repräsentieren, spielt eine große Rolle, wie die Autorin und auch andere Forscher hervorheben. Die indigenen Völker in Chiapas, einem Bundesstaat in Mexiko, erkannten zum Beispiel die Legitimität der Forderungen durch die Aktivisten an, lehnten aber vehement die von ihnen angewandte Gewalt ab.

Seth Jones und Martin Libicki, Experten für internationale Sicherheit bei der RAND Corporation, erarbeiteten eine umfangreiche quantitative Forschungssynthese zur Abkehr vom Terrorismus.[25] Dabei stellten sie fest, dass von den 648 untersuchten Gruppen 268, also 41% ihre Gewaltaktionen völlig einstellten.

Von diesen 268 Gruppen:

... begeben sich 43% in die klassische Politik

Dieser Übertritt in die Politik geht mit einem Abkommen mit der jeweiligen Regierung einher, im Zuge dessen die Terrorgruppe der Gewalt abschwört und zu einer politischen Partei wird.

... wurden 40% durch Polizeiaktionen gestoppt

Gezielte Polizeiarbeit ist die wirksamste Strategie gegenüber Gruppen, die dem Terrorismus nicht abschwören wollen, vor allem die Inhaftierung der Schlüsselfiguren. Die Polizei ist auf diesem Gebiet besser ausgebildet als die Armee und verfügt über Informationsdienste, die es ihr erlauben, die terroristischen Organisationen zu infiltrieren und zu stören.

... erreichen 10% ihre Ziele

Keine der Terrorgruppen, die große Ziele wie die Errichtung eines eigenen Staates oder eine Revolution verfolgen, war damit erfolgreich. Die Gruppen, die erreichen, was sie wollten, verfolgten niedriger gesteckte Ziele wie zum Beispiel eine politische oder territoriale Veränderung.

... wurden 7% durch das Eingreifen des Militärs gestoppt

Dieses magere Ergebnis ist den Autoren zufolge vor allem der Tatsache geschuldet, dass der Einsatz der Militärstreitkräfte meist mit dem Tod unschuldiger Zivilisten einhergeht, was die Bevölkerung gegen die Regierung aufbringt: »Das militärische Eingreifen ruft einen gegenteiligen Effekt hervor: Es [...] entfremdet die lokale Bevölkerung von der Regierung und liefert den Terrorgruppen die Gelegenheit zu weiteren Rekrutierungen.«[26]

ZWEITER ANLASS ZUR HOFFNUNG: REGIERUNG PASST IHRE TAKTIK AN

Wie der Politologe Joseph Henrotin es formuliert: »In einem solchen Kontext eine adäquate nationale Sicherheitspolitik auf die Beine zu stellen ist äußerst kompliziert; relativiert die Regierung die Bedrohung oder stellt sie sie als minimal dar, läuft sie Gefahr, der Laxheit beschuldigt zu werden; bewertet sie die Gefahren über, wirft man den verantwortlichen Politikern vor, die Bevölkerung zu manipulieren.«[27] Meiner Ansicht nach neigen die Politiker indes dazu, die Bedrohung zu dramatisieren (siehe das Kapitel »Drei gute Gründe ...)

Abschreckung durch Delegitimierung

Es ist sehr schwierig, einen Terroristen mittels Angst zur Abkehr zu bewegen, und natürlich unmöglich, wenn es sich um einen Selbstmordattentäter handelt. Was also tun? Max Abrahms, den ich bereits bezüglich der Unwirksamkeit des Terrorismus zitiert habe, schlägt einen recht originellen Ansatz vor.[28] Die »Abschreckung durch Delegitimierung« will die Terroristen nicht zur Abkehr überreden, sondern sie bei ihren Unterstützern diskreditieren, weil diese unverzichtbar sind, wenn es darum geht, terroristische Kampagnen im großen Stil zu organisieren. Denn die Menschen, die Terroristen unterstützen, tun dies in der Regel nur aus einem einzigen Grund: um die Regierung zu Konzessionen zu bewegen und ihre politischen Forderungen durchzusetzen. Eine Möglichkeit, die Terroristen bei ihren Unterstützern zu diskreditieren, ist es, herauszustellen, dass der Terrorismus aufgrund der negativen Reaktionen, die er hervorruft, unwirksam ist.

Die Verhandlung

Die meisten politischen Lenker bekräftigen immer wieder, man verhandle nicht mit Terroristen, obwohl dies in der Regel eine wirksame Methode ist, um einen Konflikt zu lösen.[29] Dieser Ansatz hat in der Vergangenheit selbst bei jenen Gruppen funktioniert, die sich anfangs gegen jegliches Entgegenkommen sträubten, wie zum Beispiel bei der IRA in Irland, der ETA im Baskenland oder der FARC in Kolumbien. Aus genau diesem Grund wurde 2016 übrigens dem kolumbianischen Präsidenten Juan Maunuel Santos 2016 der Friedensnobelpreis verliehen, nämlich für »seine Bemühungen um den Friedensprozess mit der FARC«.

Jene, die meinen, es sei unmöglich, mit so gefährlichen Individuen wie den islamistischen Terroristen zu verhandeln, seien an den Konflikt in Kolumbien erinnert, der zwischen 1964 und 2016 260.000 Menschenleben forderte, 45.000 Vermisste und sechs Millionen Vertriebene, was laut Jan Egeland, bis 2006

Vizegeneralsekretär für Humanitäre Angelegenheiten bei den Vereinten Nationen, bei weitem die größte humanitäre Katastrophe in der westlichen Hemisphäre«[30] darstellt.

Unglücklicherweise treten Regierungen oft erst dann mit Terroristen in Verhandlung, wenn die Truppen im bewaffneten Kampf unnötig aufgerieben wurden. Erst das Gefühl, sich in einer Sackgasse zu befinden, bringt sie letztendlich an den Verhandlungstisch.

Keine Botschaften der Angst verbreiten

Laut Cass Sunstein, einem Experten für Risikoanalyse, sollte eine Regierung nicht nur keine Kultur der Angst verbreiten, sondern auch nicht beteuern, wie gering die Wahrscheinlichkeit sei, dass man einem Attentat zum Opfer fallen könnte. Dieses Argument findet bei der Bevölkerung kaum Gehör, weil statistische Wahrscheinlichkeiten sie aus den weiter vorn aufgezeigten Gründen nicht kümmern. In den Augen Sunsteins besteht die beste Taktik darin, so wenig wie möglich über dieses Thema zu sprechen (aber welcher politische Verantwortliche ist bereit, ein solches Risiko einzugehen?) und immer wieder zu betonen, dass es sozusagen ein patriotischer Akt sei, seinem gewohnten Leben nachzugehen[31]. Man müsse versuchen, die Resilienz und Solidarität[32] zu stärken, die in der Bevölkerung nach einer Katastrophe spontan aufkämen und der deutlichste Beweis dafür seien, dass die Absicht der Terroristen gescheitert sei[33].

Das führt mich zu einem dritten – wesentlichen – Anlass zur Hoffnung: die Haltung der Bevölkerung.

DRITTER ANLASS ZUR HOFFNUNG: DIE WEIGERUNG DER ZIVILBEVÖLKERUNG, DER ANGST ZU ERLIEGEN, UND IHR ENGAGEMENT FÜR EIN GRÖSSERES ZUSAMMENGEHÖRIGKEITSGEFÜHL

Hier drei Beispiele besonnener Reaktionen von Bürgern angesichts von Attentaten:

Nach den Attentaten vom 11. September 2001 in den Vereinigten Staaten.

Phyllis und Orlando Rodriguez waren vom Tod ihres Sohns Greg zutiefst betroffen, aber ebenso schockiert von der kriegerischen Reaktion George W. Bushs. Bereits am 14. September veröffentlichten sie einen offenen Brief mit dem Titel »Nicht im Namen unseres Sohnes«, worin sie schreiben, dass diese Rachestrategie nicht der richtige Weg sei. »Unser Sohn ist durch eine inhumane Ideologie getötet worden. Unsere Reaktionen sollten nicht dem gleichen Ziel dienen. Lasst uns nachdenken und beten. Wir sollten eine rationale Antwort finden, die unserer Welt wirklich Frieden und Gerechtigkeit bringt. Und als Nation sollten wir die Unmenschlichkeit unserer Zeit nicht noch zusätzlich schüren.«[34] Dieser Text verbreitete sich im Netz und ermöglichte es so dem Paar, weitere trauernde Angehörige kennenzulernen, die ihre Haltung teilten, was im Februar 2002 zur Gründung der pazifistischen Gruppe »Angehörige von Opfern des 11. Septembers für eine friedliche Zukunft«[35] führte, deren Name sich von einem Satz Martin Luther Kings ableitet: »Friedliche Ziele lassen sich nur mit friedlichen Mitteln verfolgen.«

Diese Gruppe organisierte verschiedene Aktionen, die unter dem Motto »versöhnende Gewaltlosigkeit« standen, insbesondere diverse Reisen. In Israel trafen sie Mitglieder einer Opfervereinigung, der es um die Aussöhnung zwischen Israelis und Palästinensern geht. In Afghanistan begegneten sie Angehörigen ziviler Kriegsopfer wie sie und besuchten Kinder, die bei Bombardements schwer verwundet wurden. Eva Rupp, die der Gruppe angehört, schrieb in Afghanistan: »Egal, woher wir kommen, wir teilen alle das gleiche Schicksal [...] Jeder von uns liebt seine Kinder. Jeder wünscht sich ein gutes Leben für sie. Jeder wünscht sich Frieden.«[36]

Nach den Anschlägen am 22. Juli 2011 in Norwegen

An diesem Tag explodiert vor dem Büro Jens Stoltenbergs, dem Premierminister von Norwegen, eine Bombe. Am späten Nachmittag werden 77 Menschen in einem Ferienlager für Kinder erschossen. Stoltenberg verkündet kurz darauf: »Ich habe eine Botschaft für den, der uns angegriffen hat, und jene, die hinter diesem Attentat stecken: Ihr werdet uns nicht zerstören. Ihr werdet die Demokratie nicht zerstören und auch nicht unser Bemühen, die Welt besser zu machen. Wir werden auf den Terror durch mehr Demokratie, Offenheit und Toleranz antworten.«[37]

Ein paar Tage danach schrieb Ivar Benjamin Oesteboe, ein sechzehnjähriger Überlebender des Massakers, in einem offenen Brief an den Attentäter: »Lieber Anders Breivik, du glaubst vielleicht, du hast gewonnen. Indem du meine Freunde und Schulkameraden ermordet hast, glaubst du vielleicht, du hättest die Arbeiterpartei und alle Menschen auf der Welt zerstört, die an eine multikulturelle Gesellschaft glauben. Du musst wissen, dass du gescheitert bist [...] Ich habe keine Angst vor dir. Wir werden auf das Böse nicht mit Bösem reagieren, so wie du es wolltest. Wir werden das Böse mit dem Guten bekämpfen. Und wir werden siegen.«[38]

Nach dem Attentat auf das Bataclan in Paris am 13. November 2015

Der außergewöhnliche Besucherandrang beim Sommerfestival 2016 in Frankreich zeugt von der Fähigkeit der Zivilgesellschaft, sich nicht die Logik der Angst aufzwingen zu lassen, wie es die Terroristen beabsichtigen.

Unter den bemerkenswerten Solidaritätsbekundungen, zu denen es nach den Attentaten kam, will ich jene von Antoine Leiris zitieren. Drei Tage nach dem Anschlag auf das Bataclan, bei dem seine Frau ermordet wurde, schrieb er auf Facebook einen Text mit dem Titel: »Meinen Hass bekommt ihr nicht«[39];

dort heißt es: »Am Freitagabend habt ihr einem außergewöhnlichen Menschen das Leben geraubt, meiner großen Liebe, der Mutter meiner Kinder, aber meinen Hass bekommt ihr nicht. Ich weiß nicht, wer ihr seid, und will es auch nicht wissen, denn ihr seid Wesen ohne Seele. Wenn dieser Gott, für den ihr blindwütig tötet, uns nach seinem Vorbild erschaffen hat, wird jede Kugel, die den Körper meiner Frau durchlöchert hat, eine Wunde in seinem Herzen hinterlassen. Daher werde ich euch nicht den Gefallen tun, euch zu hassen. Ihr habt euch also vergeblich bemüht, denn wenn ich auf euren Hass mit Wut antwortete, würde ich der gleichen Ignoranz erliegen, die aus euch das gemacht hat, was ihr seid. Ihr wollt, dass ich Angst habe, dass ich meine Mitbürger misstrauisch beäuge, dass ich meine Freiheit der Sicherheit opfere. Vergeblich. Unser Leben geht weiter. Wir sind jetzt nur noch zu zweit, mein Sohn und ich, aber wir sind stärker als alle Armeen der Welt […] Sein Leben lang wird dieser kleine Junge euch demütigen, indem er frei und glücklich sein wird. Denn auch seinen Hass bekommt ihr nicht.«

Anmerkungen

1 Ministère de l'Intérieur (7. 12. 2016), *Chiffres-clés. Préoccupations des Français.*

2 Siehe »2004 Osama bin Laden video«, Wikipedia.

3 Sunstein, C.R. (2003), »Terrorism and probability neglect«, *The Journal of Risk and Uncertainty*, 26 (2/3), S. 121-136.

4 Mueller, J. (2006), *Overblown. How politicians and the terror industry inflate national security threats and why we believe them*, New York, Free Press.

5 Sivak, M. und Flannagan, M. J. (2004), »Consequences for road traffic fatalities of the reduction in flying following September 11, 2001«, *Transportation Research*, part F, S. 301-305.

6 Interview von Marshall Macluhan in der italienischen Zeitschrift *Il Tempo*, 19. Februar 1978, zitiert von Torres Soriano, M. R. (2008), »Terrorism and the mass media after Al Qaeda: A change of course?«, *Athena Intelligence Journal*, 3 (1), S. 1-19 (S. 2).

7 Camphuijsen, M. und Vissers, E. (2012), »Terrorism and the mass media: A symbiotic relationship?«, *Social Cosmos*, 3 (1), S. 14-24. Ramluckan, T. und Van Niekerk, B. (2009), »The terrorism/mass media symbiosis«, *Journal of Information Warfare*, 8 (2), S. 1-12. Siehe auch Rowman & Littlefield Publishers. Jan, M. (2009), »Political terrorism under the flag of media«, *South Asian Studies*, 24, (1), S. 38-51. Nacos, B. L. (2007), *Mass-Mediated Terrorism. The Central Role of the Media in Terrorism and Counterterrorism*, Maryland. Wilkinson, P. (1997), »The media and terrorism: A reassessment«, *Terrorism and political violence*, 9 (2), S. 51-64.

8 Frey, B. S. (2004), *Dealing with terrorism: Stick or carrot?*, Cheltenham, Edward Elgar, S. 123.

9 Dieser Aspekt ist Gegenstand etlicher Recherchen. Siehe vor allem Nacos, B. L. (2010), »Revisiting the contagion hypothesis: Terrorism, news coverage, and copycat attacks«, *Perspectives on Terrorism*, 3 (3), S. 3-13.

10 Weimann, G. und Winn, C. (1994), *The Theater of Terror. Mass*

media and International Terrorism, New York, Longman, S. 217-218. Zitiert von Nacos, B. L. (2010), a.a.O., S. 7.

11 Jetter, M. (2015), *Blowing Things up. The Effect of Media Attention on Terrorism*, Perth, University of Western Australia.

12 Insbesondere: Pape, R. (2005), *Dying to Win. The Strategic Logic of Suicide Terrorism*, New York, Random House.

13 Abrahms, M. (2006), »Why terrorism does not work«, *International Security*, 31 (2), S. 42-78.

14 Abrahms, M. (2012), »The political effectiveness of terrorism revisited. *Comparative Political Studies*«, 45 (3), S. 366-393. Siehe auch Abrahms, M. und Gottfried, M. S. (2016), »Does terrorism pay? An empirical analysis«, *Terrorism and political violence*, 28 (1), S. 72-89.

15 Fortna, V. P. (2015), »Do terrorists win? Rebels' use of terrorism and civil outcomes«, *International Organization*, 69 (3), S. 519-556.

16 Cronin, A. K. (2009), *How Terrorism Ends. Understanding the Decline and Demise of Terrorist Campaigns*, Princeton, Princeton University Press. Cronin, A. (2006), »How al-Qaida ends: The decline and demise of terrorist groups«, *International Security*, 31 (1), S. 3-42, S. 203, 93.

17 Ebd., S. 82.

18 Chenoweth, E. und Stephan, M. J. (2011), *Why Civil Resistance Works. The Strategic Logic of Nonviolent Conflict*, New York, Columbia University Press. Stephan M. J. und Chenoweth E. (2008), »Why civil resistance works: The strategic logic of nonviolent conflict«, *International Security* 33 (1), S. 7-44.

19 Lum, C., Kennedy, L. W. und Sherley, A. (2008), »Is counter-terrorism policy evidence-based? What works, what harms, and what is unknown«, *Psicothema*, 20 (1), A. 35-42. Lum, C., Kennedy, L. und Sherley, A. (2006), »Are counter-terrorism strategies effective? The results of the Campbell systematic review on counter-terrorism evaluation research«, *Journal of Experimental Criminology*, 2, S. 489-516.

20 Ebd. (2006), S. 501.

21 Danner, M. (2016), *Spiral. Trapped in the Forever War*, New York, Simon & Schuster. Lustick, I. S. (2006), *Trapped in the War on Terror,* Philadelphia, University of Pennsylvania Press.

22 Rapaport, D. C. (2004), »The four waves of rebel terror and September 11«, *Anthropoetics*, 8 (1).

23 Auf Frankreich bezogen siehe vor allem einige (Auto)-Biografien von Menschen, die sich vom Islamismus angezogen fühlten oder eine Zeit lang zu einer islamistischen Gruppe gehörten: Farid Abdelkrim, Abdelhakim Belhadj, Sophie Kasiki, Mohamed Louizi und Morten Storm. Siehe auch die Untersuchung von Dounia Bouzar (2015), *La Vie après Daesh,* Éditions de l'atelier.

24 Dudouet, V. (2013), »Dynamics and factors of transition from armed struggle to nonviolent resistance«, *Journal of Peace Research*, 50 (3), S. 401-413.

25 Jones, S. G. und Libicki, M. C. (2008), *How Terrorist Groups End. Lessons for countering al Qa'ida*, Santa Monica, RAND Corporation.

26 Ebd., S. XVII.

27 Henrotin J. (2010), *La Résilience dans l'antiterrorisme*, Sceaux, L'Esprit du livre, S. 73.

28 Abrahms, M. (2014), »Deterring terrorism: A new strategy«, *Perspectives on Terrorism*, 8 (3), S. 1-15.

29 Powell, J. (2015), *Talking to Terrorists. How to End Armed Conflicts*, Londen, Vintage. Reiss, M. B. (2010), *Negotiating with Evil. When to talk to terrorists*, New York, Open Road Integrated Media. Toros, H. (2008), »We don't negotiate with terrorists! Legitimacy and complexity in terrorist conflicts«, *Security Dialogue*, 39 (4) S. 407-446.

30 UNO (ohne Datum), *Press briefing on Colombia by emergency relief coordinator.*

31 Sunstein C. (2003), »Terrorism and probability neglect«, *The Journal of Risk and Uncertainty*, 26 (2/3), S. 121-136 (S. 122).

32 Ich habe diese verkannte Wirklichkeit im ersten Kapitel meines Buchs *La Bonté humaine*, Paris, Odile Jacob, 2012, dargelegt.

33 Pattison, J., Kim, H. und Lee, S. (2016), »Educating supporters and nullifying the effects of terrorism on society: The best deterrent and defense«, *Advanced Science and Technology Letters*, 129, S. 165-169.
34 Potorti, D. (ed.) (2003), *September 11th Families for Peaceful Tomorrows. Turning our Grief into Action for Peace*, New York, RDV Books, S. 22-23.
35 Siehe »September Eleventh Families for Peaceful Tomorrows«, Wikipedia.
36 Zitiert bei Potorti, D. (Hg.) (2003), a.a.O., S. 61.
37 Zitiert auf der Wikipedia-Seite zu Jens Stoltenberg.
38 *Le Huffington Post* (01.08.2011), »Tuerie d'Oslo: un rescapé écrit une lettre au tueur: ›Cher Anders Breivik‹«.
39 Antoine Leiris (16.11.2015), »Vous n'aurez pas ma haine«, Facebook. Antoine Leiris hat später ein Buch mit demselben Titel veröffentlicht. (Deutsche Ausgabe: Leiris A. (2016), *Meinen Hass bekommt ihr nicht*, München, Blanvalet.

RÜCKGANG DER TÖTUNGSRATE

- 65%

IN ZWANZIG JAHREN (1994-2013)
IM GROSSRAUM PARIS[1]

Tötungsrate im Fernsehen	Tötungsrate im wirklichen Leben
1 Toter pro 50 Menschen	1 Toter pro 20.000 Menschen

1 Besson, J.-L. (2015), »Les homicides volontaires diagnostiqués par l'Institut médico-légal de Paris de 1994 à 2013«, *Focus*, 9, S. 1-44 (S. 10).

Spektakulärer Rückgang in den meisten Ländern

Viele Menschen glauben, dass die Gesellschaft immer gewalttätiger wird, dabei war sie noch nie so sicher wie heute. Zum Beispiel haben die Tötungsdelikte im Großraum Paris von 1994 bis 2013, also in zwanzig Jahren, um 65% abgenommen.

In Europa sinkt die Tötungsrate seit dem Mittelalter kontinuierlich.[1] In Frankreich ist sie von 20,2 pro 100.000 Einwohner im Zeitraum 1500 bis 1550 auf 0,7 pro 100.000 Einwohner zwischen 2000 und 2012 zurückgegangen, also im Lauf von fünf Jahrhunderten auf ein Dreißigstel.[2]

EIN WEIT VERBREITETES PHÄNOMEN

Nach einem Wiederanstieg zwischen 1960 und 1990 ist seit 1990 ein beträchtlicher Rückgang von Gewalt zu verzeichnen, »eines der bedeutendsten kriminologischen Phänomene der Moderne«[3]. Als Erstes trat es in den Vereinigten Staaten auf, vor allem in New York, und wurde in den 1990ern häufig in den Medien thematisiert. Doch verschiedene Studien, die daraufhin durchgeführt wurden, haben gezeigt, dass dieses Phänomen nicht auf New York beschränkt, sondern weit verbreitet ist, vor allem in den entwickelten Ländern, sowohl in West- als auch Osteuropa, in Nordamerika, in Ozeanien und den wohlhabenden Ländern Asiens.[4]

Aus einer Studie des Kriminologen Jean-Luc Besson geht hervor, dass in Frankreich zwischen 1994 und 2013, also binnen zwanzig Jahren, die Zahl der Opfer von Tötungsdelikten, die vom Institut für Rechtsmedizin in Paris verzeichnet wurden, von 256 auf 90, also um 65% sank![5] Bei den Männern, traditionell zweimal häufiger Opfer von Tötungsdelikten als Frauen, betrug der Rückgang sogar 70%, während sich die Rate bei Frauen halbierte.

GRÜNDE FÜR DIESE ENTWICKLUNG

Für diesen bemerkenswerten Fortschritt haben die Forscher unterschiedliche Erklärungen geliefert. Ein Forscherteam hat sogar 17 ausfindig gemacht![6] Drei davon, die häufig zitiert werden, will ich analysieren.

Mentalitätswandel

Eine der bekanntesten Erklärungen lieferte 1939 der Soziologe Norbert Elias: der »Prozess der Zivilisation«, das heißt, die zunehmende Selbstkontrolle der Menschen, die sich im Lauf der Jahrhunderte zusehends entwickelt hat und vor allem zu einem starken Rückgang zwischenmenschlicher Gewalt führte.[7] Zum Beispiel käme heute in Frankreich niemand mehr auf die Idee, jemanden zum Duell zu fordern, um seine Ehre wiederherzustellen, etwas, was früher oft praktiziert wurde. Noch heute stützen sich einige Forscher auf Elias' Zivilisationstheorie.[8]

Die verbesserte Sicherheit

Dieser Ansatz geht davon aus, dass der starke Rückgang von Kriminalität der verbesserten Sicherheit geschuldet ist, wie zum Beispiel in Fahrzeugen (elektronische Sicherheitssysteme) oder in Häusern (Überwachungssysteme).[9] Die Verfechter dieser Theorie unterstreichen, dass von dem Moment an, als sich diese Techniken verbreiteten, Verkehrsunfälle und Autodiebstähle beträchtlich zurückgingen.

Die Wirksamkeit von Repressionen ist illusorisch

Die ersten Untersuchungen zum Rückgang der Kriminalität in New York hoben die verbesserte Polizeiarbeit hervor (mehr Polizisten, Null-Toleranz in puncto Kleindelikten), ebenso wie der Anstieg der Inhaftierungsrate. Diese Erklärungen sind heute jedoch weitestgehend widerlegt, denn auch in Ländern, wo derlei Maßnahmen nicht ergriffen wurden, hat die Kriminalität in ähnlicher Weise abgenommen. Der Vergleich mit Kanada veranschaulicht das deutlich.[10] Zwischen 1991 und 1999 sank die Tötungsrate genauso stark wie in den USA (-42%). Und das, obwohl beide Staaten im selben Zeitraum eine sehr unterschiedliche Sicherheitspolitik verfolgten. In den USA stieg die Zahl der

Polizisten um 11%, während sie in Kanada um 11% sank; in den USA stieg die Zahl der Inhaftierungen um 42%, während sie in Kanada um 3% sank. Laut den Forschern, die 17 Hypothesen analysierten und verglichen, ist die Inhaftierung als Erklärung für den Rückgang der Kriminalität die am wenigsten zutreffende.[11]

WOHER KOMMT DIESE KLUFT ZWISCHEN REALITÄT UND SUBJEKTIVER WAHRNEHMUNG?

Obwohl wir noch nie so sicher gelebt haben, glauben viele Menschen, dass die Gesellschaft zunehmend gewalttätiger wird. Zahlreiche Wissenschaftler haben sich gefragt, woher diese erstaunliche Diskrepanz rührt. Sie führen drei hauptsächliche Gründe für dieses Paradoxon an.

Eine psychologische und soziale Ursache: die Ablehnung von Gewalt

Je mehr die Gewalt abnimmt, desto weniger akzeptabel erscheint sie uns und umso sensibler ist unsere Wahrnehmung. Verhaltensweisen, die uns gestern noch als alltäglich erschienen, schockieren uns heute.[12]

Eine psychologische Ursache: Unser Gehirn liebt die Vereinfachung

Unser Gehirn neigt spontan dazu, die Situationen und Lösungen als am wahrscheinlichsten anzusehen, die ihm als Erstes in den Sinn kommen.[13] Manchmal ist das angebracht, kann aber bisweilen auch gefährliche Entscheidungen nach sich ziehen.

Eine soziale Ursache: die Rolle der Medien

Wenn kriminelle Bedrohungen in unserem Bewusstsein so präsent sind, ist dies kein Zufall. Die Medien tragen wesentlich zu unserer Verbrechensangst bei.[14] Sie fungieren als eine Art »Multiplikator« des Verbrechens.[15] Jeder weiß: Die Gewalt in den Medien ist völlig überzogen im Vergleich zur Wirklichkeit, wie folgendes Beispiel verdeutlicht: Auf amerikanischen Bildschirmen erscheinen täglich durchschnittlich 350 Menschen in den Abendfilmen. Davon werden sieben ermordet, also jeder fünfzigste; in Wirklichkeit kommt in den USA auf je 20.000 Einwohner ein Tötungsdelikt, was einer um das 400-fache geringeren Tötungsrate entspricht.[16]

An folgendem Beispiel lässt sich der Einfluss der Medien sehr gut ablesen. In den USA werden regelmäßig Umfragen durchgeführt, um zu erfahren, welche Probleme die Öffentlichkeit als am drängendsten erachtet. Zwischen 1978 und 1993 nannten nur wenige Gewalt und Verbrechen (zwischen einem und 9% der

Bevölkerung). Doch im Januar 1994 macht dieser Prozentsatz einen beträchtlichen Sprung: zuerst auf 37% und im August dann auf 52%. Ist er einem deutlichen Anstieg der Kriminalität geschuldet? Mitnichten, sondern der Hypermedialisierung eines Gewaltverbrechens: der Mord an Nicole Simpson und ihrem Freund im Juni 1993, der dem berühmten amerikanischen Footballstar O. J. Simpson zur Last gelegt wurde, dem Exmann von Nicole Simpson.[17]

Was den Einfluss der Medien besonders tückisch macht, ist unser Glaube, nur die »anderen« würden ihm unterliegen, nicht aber wir selbst.[18] Dieses Phänomen trifft vor allem auf die Gewalt in den Medien zu.[19] Wir glauben, die dort dargestellte Gewalt wirke sich nur auf unsere Mitbürger aus, nicht jedoch auf uns selbst. Wenn Sie, bevor Sie anfingen, dieses Buch zu lesen, dachten, um die Welt sei es schlecht bestellt, liegt das wohl daran, dass Ihre Wahrnehmung der Realität durch die Medien beeinflusst wurde, ohne dass Sie sich dessen bewusst waren.

Zum Schluss dieses Kapitels eine gute Nachricht: Eine großzügige Sozialpolitik sowie gesicherte Arbeitsverhältnisse, die es ermöglichen, sich mehr auf die Kinder und deren Ausbildung zu konzentrieren, sind dazu angetan, die Angst vor Verbrechen zu mindern, wie es eine vergleichende Studie, die 27 europäische Länder einbezieht, zeigt.[20] Den Autoren zufolge steigert eine ausgewogene Sozialpolitik bei den Begünstigten das Gefühl, ihr eigenes Leben selbst gestalten und schwierige Situationen meistern zu können, und verringern so ihre Ängste, darunter auch die vor Verbrechen.

VORSICHT IST WEITERHIN GEBOTEN

Diese positive Entwicklung lässt sich in gewissen Gebieten der Welt weniger oder gar nicht beobachten, insbesondere in Lateinamerika und der Karibik.

Dort haben in letzten Jahren bestimmte Delikte zugenommen, unter anderem jene, die durch das Internet begünstigt werden.

Anmerkungen

1 Pinker S. (2013), *Gewalt: Eine neue Geschichte der Menschheit*, Frankfurt, Fischer Taschenbuch. Muchembled, R. (2008), *Une histoire de la violence. De la fin du Moyen* âge *à nos jours*, Paris, Points Seuil. Spierenburg, P. (2008), *A history of murder. Personal violence in Europe from the Middle Ages to the present*, Cambridge, Polity. Eisner, M. (2003), »Longterm historical trends in violent crime«, *Crime and Justice*, 30, S. 83-142.

2 Eisner, M. (2014), »From swords to words: Does macrolevel change in self-control predict longterm variation in levels of homicide?«, in M. Tonry (Hg.), *Why Crime Rates Fall and Why They Don't*, Chicago, University of Chicago Press.

3 Farrell, G., Tilley, N. und Tseloni, A. (2014), »Why the crime drop?«, *Crime and Justice*, 43, S. 421-490 (S. 421).

4 Eisner, M., Nivette, A., Murray, A. L. und Krisch, M. (2016), »Achieving population-level violence declines: Implications of the international crime drop for prevention programming«, *Journal of Public Health Policy*, 37 (Suppl. 1), S. 66-80.

5 Besson, J.-L. (2015), »Les homicides volontaires diagnostiqués par l'Institut médico-légal de Paris de 1994-2013«, *Focus*, 9, S. 1-44. Siehe auch die Recherchen von Laurent Mucchielli (2011), *L'Invention de la violence. Despeurs, des*

chiffres, des faits, Paris, Fayard et (2008), »Une société plus violente? Une analyse socio-historique des violences interpersonnelles en France, des années 1970 à nos jours«, *Déviance et Société*, 32 (2), S. 115-147.

6 Farrell et al. (2014), a.a.O.

7 Elias, N. (2010), *Über den Prozess der Zivilisation: Soziogenetische und psychogenetische Untersuchungen*, 2 Bd., 33. Aufl., Frankfurt, Suhrkamp.

8 Siehe insbesondere Mennell, S. (2007), *The American Civilizing Process*, Cambridge, Polity Press.

9 Farrell, G. und Brown, R. (2016), »On the origins of the crime drop: Vehicle crime and security in the 1980s«, *The Howard Journal of Crime and Justice*, 55 (1-2), S. 226-237.

10 Ouimet, M. (2002), »Explaining the American and Canadian crime ›drop‹ in the 1990s«, *Canadian Journal of Criminology and Criminal Justice*, 44 (1), S. 33-50.

11 Farrell et al. (2014), a.a.O., S. 458.

12 Mucchielli, L. (2007), »Dix ans d'évolution des délinquances en France«, *Regards sur l'actualité*, Paris, La Documentation française, S. 13-14.

13 Der breite Forschungszweig, der sich mit diesem Phänomen beschäftigt, gründet auf folgendem, häufig zitierten Aufsatz: Tversky, A. und Kahneman, D. (1973), »Availability: A heuristic for judging frequency and probability«, *Cognitive Psychology*, 5 (2), S. 207-232.

14 Chadee, D. (2015) (Hg.) »Psychology of Fear, Crime and the Media«, *International perspectives*, London – New York, Routledge.

15 Taylor, R. B. und Hale, M. (1986), »Testing alternative models of fear of crime«, *The Journal of Criminal Law and Criminology*, 77 (1), S. 151-189 (S. 152, 156).

16 Bushman, B. J. und Anderson, C. A. (2001), »Media violence and the American public: Scientific facts versus media misinformation«, *American Psychologist*, 56 (6/7), S. 477-489 (S. 479).

17 Lowry D. T., Nio, T. C. J. und Leitner D. W. (2003), »Setting the public fear agenda: A longitudinal analysis of network TV crime reporting, public perceptions of crime, and FBI

crime statistics«, *Journal of Communication*, 53, S. 61-73. Siehe dazu auch: Romer D., Jamieson K. H. und Aday, S. (2003), »Television news and the cultivation of fear of crime«, *Journal of communication*, 53, S. 88-104.

18 Perloff R. M. (1999), »The third-person effect: A critical review and synthesis«, *Media Psychology*, 1, S. 353-378.

19 Hoffner, C., Plotkin, R. S., Buchanan, M., Anderson, J. D., Kamigaki, S. K., Hubbs, L. A., Kowalczyk, L., Silberg, K. und Pastorek, A. (2001), »The third person effect in perceptions of the influence of television violence«, *Journal of Communication*, 51, S. 283-299. Innes J. M. und Zeitz H. (1988), »The public's view of the impact of the mass media: A test of the ›third person‹ effect«, *European Journal of Social Psychology*, 18, S. 457-463.

20 Hummelsheim, D., Hirtenlehner, H., Jackson, J., und Oberwittler, D. (2011), »Social insecurities and fear of crime: A cross-national study on the impact of welfare state policies on crime-related anxieties«, *European Sociological Review*, 27 (3), S. 327-345.

102

Das ist die Zahl der Länder, die die Todesstrafe abgeschafft haben.

ZUWACHSZAHLEN DER LÄNDER, DIE DIE TODESSTRAFE ABGESCHAFFT HABEN[1]

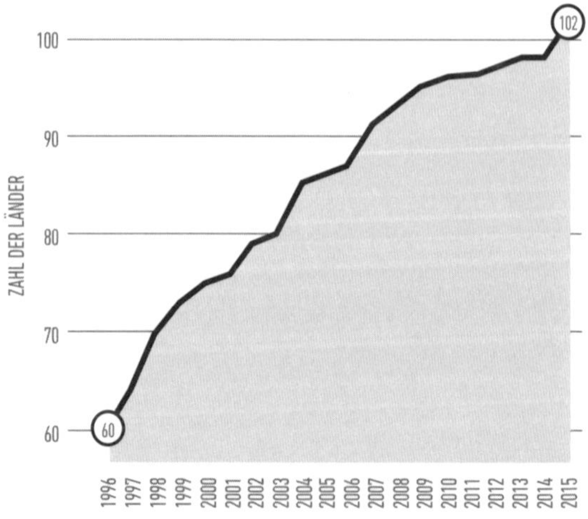

1 Amnesty International (2016), *Death Sentences and Executions in 2015*, London, Amnesty International.

Immer mehr Länder schaffen sie ab

Seit den 1970er-Jahren steigt die Zahl dieser Länder stetig an. 1950 waren es acht, 2015 waren es 102.

Die Todesstrafe gehörte lange zum repressiven Strafarsenal des Großteils der Staaten. Von Mitte der 1970er-Jahre an nahm die Zahl der Länder, die sie abschafften, kontinuierlich zu, vor allem in den 1990ern, nach dem Zerfall des Ostblocks.

Amnesty International zufolge hatten am Ende des Jahres 2015 102 Länder die Todesstrafe für sämtliche Straftaten aufgehoben. 2015 waren es sogar vier Staaten: so viele in einem Jahr wie seit fast zehn Jahren nicht mehr.[1]

Auch gibt es immer mehr Länder, die sie de facto abschaffen, Länder, die laut Amnesty International in den letzten zehn Jahren keine Exekution mehr durchgeführt haben. Meistens schaffen solche Staaten sie früher oder später per Gesetz ab.

Robert Badinter, der die Abschaffung der Todesstrafe in Frankreich erwirkte, schrieb kürzlich, »die Fortschritte, die erzielt wurden, sind weit jenseits dessen, was wir uns 1981 erhofft haben«[2].

DIE GRÜNDE FÜR DIESE ENTWICKLUNG

Verschiedene Faktoren tragen dazu bei, dass immer mehr Länder die Todesstrafe abschaffen. Hier die wichtigsten.[3]

Der Mut politischer Entscheidungsträger, die sich gegen die öffentliche Meinung stellen

Mehrere Untersuchungen zeigen, dass die Öffentlichkeit in der Regel mehrheitlich die Todesstrafe befürwortet. Umso mehr Mut brauchen die betreffenden Politiker, wenn sie im Namen der Menschenrechte diesen Weg beschreiten.

Die Demokratie

Demokratien neigen am ehesten dazu, die Todesstrafe abzuschaffen. Zahlreiche Experten sind der Ansicht, dass die Todesstrafe in absolutem Gegensatz zu demokratischen Werten steht.

Aus diesem Grund kehrt sich ein Land, das den Übergang von einem autoritären Regime zur Demokratie schafft, in der Regel von der Todesstrafe ab. Das traf zum Beispiel nach dem Zusammenbruch der kommunistischen Regimes in Osteuropa zu ebenso wie nach dem Ende der Apartheid in Südafrika.

Die Menschenrechte

Auch wenn in puncto Menschenrechte noch einiges im argen liegt, stehen sie bei internationalen diplomatischen Diskussionen häufig im Zentrum. Auch gibt es eine klare Wechselbeziehung zwischen der Zahl der Länder, die offiziell die Menschenrechte anerkennen, und jener, die die Todesstrafe abschaffen.

Das Engagement der Menschenrechtsorganisationen

In diesem Zusammenhang spielen die internationalen Menschenrechtsorganisationen seit einigen Jahrzehnten eine entscheidende Rolle. Mit ihren Kampagnen appellieren die Aktivisten zugleich an die Vernunft als auch die Gefühle und führen dabei verschiedene Argumente an: die Universalität der Menschenrechte und damit das unveräußerliche Recht auf Leben, die Fehlbarkeit der Justiz, die immer wieder zu fatalen Irrtümern führt, den grausamen und entwürdigenden Charakter der Todesstrafe und die Tatsache, dass sie im Vergleich zu anderen Sanktionen als Abschreckung unwirksam ist.

In puncto Abschreckung hat ein Forscherteam im Auftrag des National Research Council Bilanz aus der dreißigjährigen Forschungsarbeit zu diesem Thema gezogen. Es kommt zu dem Schluss, dass man anhand der derzeitigen Kenntnisse nicht sagen kann, ob diese Strafe die Tötungsrate verringert, erhöht oder keine Auswirkung darauf hat.[4]

Die Rolle der UNO[5]

Auf den Vorstoß der Menschenrechtsorganisationen hin stimmte die UNO-Generalversammlung im Dezember 2007 über eine Resolution für ein weltweites Todesstrafen-Moratorium ab – mit 104 Ja-, 54 Nein-Stimmen sowie 29 Enthaltungen. Die Abstimmung für eine Resolution wurde in der Folge immer wieder durchgeführt, und bei jedem weiteren Mal haben mehr Staaten zugestimmt. 2014 waren es 117, also 60%.

Der Druck durch die Länder, die die Todesstrafe abgeschafft haben[6]

Die Staaten, die die Todesstrafe abgeschafft haben, üben regelmäßig Druck auf die sie noch praktizierenden aus, ihrem Beispiel zu folgen. Die gesetzliche Abschaffung der Todesstrafe ist übrigens Bedingung für den Beitritt in die Europäische Union.

Die Religion[7]

Die Länder mit vorherrschend christlicher Prägung praktizieren mehrheitlich keine Todesstrafe mehr, während die Mehrheit der muslimisch geprägten Länder sie gutheißt. 1969 wandte sich der Vatikan von der Befürwortung der Todesstrafe ab und verkündete, dass die katholische Kirche sich dagegen ausspreche, was einige Länder beeinflusst hat.

Hingegen ist die Todesstrafe integraler Bestandteil der Scharia, und der Großteil muslimischer Staaten hält nach wie vor an ihr fest. Und doch gibt es Anlass zur Hoffnung: Die statistischen Untersuchungen von Eric Neumayer vom International Peace Research Institute in Oslo zeigen, dass weniger der Islam als vielmehr die Abwesenheit von Demokratie und die geografische Nähe zu anderen Ländern, die die Todesstrafe ausüben, deren Abschaffung verhindern.[8] Wahrscheinlich wird deren Anwendung zurückgehen, sobald diese Länder in einen demokratischen Prozess treten.

WAS HÄLT DIE ZUKUNFT FÜR UNS PARAT?

Laut Eric Neumayer hängt alles von der Demokratisierung der Welt ab. Sollte sich dieser Prozess fortsetzen (siehe Kapitel 4), wird auch die Todesstrafe zurückgehen. Wenn die Demokratisierung hingegen stagniert, wird dies auch für die Abkehr von der Todesstrafe der Fall sein.

Roger Hood und Carolyn Hoyle von der Universität Oxford haben festgestellt, dass viele Länder, die die Todesstrafe offiziell noch nicht abgeschafft haben, sie immer seltener ausüben.[9] Die Erfahrung lehrt, dass es in diesem Fall nur noch ein kleiner Schritt bis zur endgültigen Abkehr von ihr ist, mit mehr oder weniger langer Übergangszeit.

VORSICHT IST WEITERHIN GEBOTEN

Einige Länder sind vehement gegen die Abkehr von der Todesstrafe. 2015 stieg zwar die Zahl der Staaten, die sie abgeschafft haben, merklich an, aber es war auch das Jahr mit der höchsten Zahl an Exekutionen seit 25 Jahren. 89% der Hinrichtungen wurden von drei Ländern durchgeführt, Saudi-Arabien, Iran und Pakistan, somit gehen 1.416 Hinrichtungen allein auf das Konto dieser drei Staaten.

Amnesty International kommt zu dem Schluss, dass »sich die Welt trotz des verstörenden Anstiegs an Hinrichtungen in Saudi-Arabien, Iran und Pakistan unbeirrt auf das Ziel der völligen Abschaffung der Todesstrafe hinbewegt. [...] Die beiden diametral entgegengesetzten Entwicklungen, die wir im Jahr 2015 gesehen haben, zeigen jedoch ganz klar, dass die Länder, die noch immer an dieser Maßnahme festhalten, zunehmend isolierter sind«.[10]

Anmerkungen

1 Amnesty International (2016), *Death Sentences and Executions in 2015*, London, Amnesty International, S. 4.

2 Badinter, R. (2016), »Vers l'interdiction universelle de la peine de mort«, in M. Crépon, J.-L. Halpérin und S. Manacorda (Hg.), *La Peine de mort. Vers l'abolition absolue?,* Paris, Éditions Rue d'Ulm, S. 125.

3 Die hier aufgeführten Informationen basieren im Wesentlichen auf folgenden Veröffentlichungen: Marchetti, R. (2016), »Advocacy strategies for human rights: The campaign for the moratorium on the death penalty«, *Italian Political Science Review/Rivista Italiana di Scienza Politica*, 46 (3), S. 355-378. Amnesty International (2016), a.a.O. Suh, C. S. (2015), »Democracy and the making of contentious policy: The role of democracy in the abolition of the death penalty, 1950-2010«, *International Journal of Comparative Sociology*, 56 (5), S. 314-337. Mathias, M. D. (2013), »The sacralization of the individual: Human rights and the abolition of the death penalty«, *American Journal of Sociology,* 118 (5), S. 1246-1283. Hood, R. G. und Hoyle, C. (2009), »Abolishing the death penalty: The impact of a ›new dynamic‹«, *Crime and Justice*, 38 (1), S. 1-63. Neumayer, E. (2008), »Death penalty: The political foundations of the global trend towards abolition«, *Human Rights Review*, 9 (2), S. 241-268. Miethe, T. D., Lu, H. und Deibert, G. R. (2005), »Cross-national variability in capital punishment: Exploring the sociopolitical sources of its differential legal status«, *International Criminal Justice Review*, 15 (2), S. 115-130. Fijalkowski, A. (2001), »The abolition of the death penalty in central and eastern Europe«, *Tilburg Foreign Law Review,* 9, S. 62-83.

4 Nagin, D. S. und Pepper, J. V. (Hg.) (2012*), Deterrence and the Death Penalty, Washington*, The National Academies Press, S. 2.

5 Marchetti, R. (2016), a.a.O.

6 Neumayer, E. (2008), a.a.O. Suh, C. S. (2015), a.a.O.

7 Miethe, T. D., Lu, H. & Deibert, G. R. (2005), a.a.O. Neumayer, E. (2008), a.a.O. Mathias, M. D. (2013), a.a.O.

8 Neumayer, E. (2008), a.a.O., S. 264.

9 Hood, R. G. und Hoyle, C. (2009), a.a.O.

10 Amnesty International (2016), a.a.O., S. 5-6.

DIE GROSSE AUSSÖHNUNG

»Wenn man einen großen Hügel erklommen hat, sieht man erst, dass es noch viele weitere Hügel zu erklimmen gibt.«
Nelson Mandela

Auch wenn es noch viele Hügel zu erklimmen gilt, um bei Nelson Mandelas Bild zu bleiben, haben wir schon einen weiten Weg zurückgelegt, und unsere Welt steuert nicht auf eine Katastrophe zu.

Sollten Sie auch nur eines aus den Seiten dieses Buchs, der darin enthaltenen Zahlen und Grafiken in Erinnerung behalten, dann hoffentlich die Erkenntnis, dass eine brüderlichere und konvivialistischere[1] Gesellschaft möglich ist, vorausgesetzt, man glaubt daran und setzt sich dafür ein, sie Wirklichkeit werden zu lassen. Frauen und Männer, ermutigt durch ihre Hoffnung, können Tausende, ja sogar Millionen andere für ihre Sache gewinnen und die Welt verändern.

Gemeinsam bieten sie den düstersten Prognosen die Stirn, und überzeugt, dass aus dem Schlechtesten das Beste entstehen kann, und auf die menschliche Großzügigkeit und Güte vertrauend, machen sie neue Wege ausfindig, die anfangs holprig erscheinen, sich aber als gangbar erweisen.

Doch vor allem ermutigen sie uns zu einer dreifachen Aussöhnung, die ebenso dringend wie nötig ist: die Versöhnung jedes Menschen mit sich selbst, seinen Mitmenschen und dem Planeten Erde.[2]

Um den Teufelskreis aus Hoffnungslosigkeit und Untätigkeit zu durchbrechen, sollten wir lieber Optimismus verbreiten, indem wir uns engagieren.

Anmerkungen

1 Siehe meine Werke über den Konvivialismus sowie die Webseite http://www.diekonvivialisten.de.

2 Ich bin nicht der Erste, der so denkt. Zur Versöhnung mit sich selbst siehe vor allem: Colin-Simard, V. (2013), *Masculin-féminin. La grande réconciliation*, Paris, Albin Michel. Und zur Aussöhnung mit der Natur: Fleury, C. (2012), *L'Exigence de la réconciliation. Biodiversité et société*, Paris, Fayard.

50 GRÜNDE, OPTIMISTISCH ZU SEIN*

DER MENSCHHEIT GEHT ES BESSER ALS ...

1. Vorausgesetzt, die positiven Entwicklungen der letzten Jahre dauern an, könnte der Hunger bis 2030 weltweit ausgemerzt sein.
2. Seit 1990 entkam mehr als eine Milliarde Menschen der größten Armut.
3. Die Zahl der nicht eingeschulten Kinder hat sich binnen 20 Jahren weltweit halbiert.
4. Der von den Vereinten Nationen veröffentlichte Index der menschlichen Entwicklung (der sowohl die Gesundheit, die Lebenserwartung, den Bildungsgrad und Lebensstandard berücksichtigt), ist zwischen 1990 und 2014 in allen Regionen der Welt gestiegen.[1]
5. Die Zahl der Geburten ist zwischen 1990 und 2014 von fünf auf 2,5 je Frau gesunken.
6. 1900 profitierten nur sehr wenige Menschen auf der Welt von Sozialversicherungen. Heute ist ein Mindestmaß an sozialer Absicherung in den meisten Ländern Standard. Dies trifft vor allem für folgende Gruppen zu: Menschen mit Behinderungen, Opfer von Berufsunfällen und alte Menschen (fast 100% der Menschen abgesichert).[2]

* Die meisten Quellen der folgenden Informationen sind bereits in den vorangegangenen Anmerkungen aufgeführt oder leicht im Internet nachprüfbar. In den anderen Fällen habe ich eine Quellenangabe hinzugefügt.

7. Die Franzosen sind seit 2001 Jahr für Jahr spendabler.[3]
8. Die Summe internationaler Entwicklungshilfe steigt seit 50 Jahren regelmäßig an.
9. Die Mehrheit der Staaten der Erde sind Demokratien. Vor zwei Jahrhunderten war das nur bei 5% der Fall.
10. 2016 schlug Birma nach über 50 Jahren unter Militärherrschaft den Weg der Demokratie ein.

... UND ERFREUT SICH BESSERER GESUNDHEIT

11. Mütter- und Kindersterblichkeit haben sich seit 1990 halbiert.
12. Die Malaria-Sterberate fiel zwischen 2000 und 2015 um 60%.
13. Die Todesfälle durch Aids gingen zwischen 2005 und 2013 um 35% zurück.
14. Lepra, Poliomyelitis und Flussblindheit sind auf bestem Weg, ausgerottet zu werden.
15. Vorbeugung, Diagnostik und Behandlung von Tuberkulose haben zwischen 2000 und 2013 ungefähr 37 Millionen Menschenleben gerettet. Die Sterberate aufgrund dieser Krankheit ist im selben Zeitraum um 45% zurückgegangen.[4]
16. 2,6 Milliarden Menschen hatten zwischen 1990 und 2015 Zugang zu Trinkwasser.[5]
17. Zwischen 2000 und 2013 gingen die Unfälle bei gefahrvoller Kinderarbeit von 9,3% auf 3,1% zurück; bei Jugendlichen im Alter von 15 bis 17

Jahren fiel die Zahl von 17,8% im Jahr 2000 auf 13% in 2012.[6]

18. Das Ziel, »keine schweren Arbeitsunfälle mehr«, wird heute von zahlreichen Ländern angestrebt.
19. Zwischen 1950 und 2014 stieg die Lebenserwartung weltweilt kontinuierlich (von 52,5 Jahren auf 71,5 Jahre)[7].
20. Die UNO hat als eines der Entwicklungsziele bis 2030 Gesundheitsversorgung für alle ausgegeben.

UMWELT: MAN KOMMT VORAN

21. Die Ozonschicht wird sich aller Voraussicht nach bis 2050 weitestgehend regeneriert haben.
22. Seit drei Jahren ist der weltweite Ausstoß an Kohlendioxid (CO_2) stabil.
23. Der Säuregehalt der Atmosphäre ist beinahe auf das Niveau von 1930 gefallen, das Jahr, in dem die industrielle Luftverschmutzung begann.[8]
24. Das Übereinkommen von Paris zur Klimaerwärmung kam in weniger als einem Jahr zustande, ein Rekord in der Geschichte internationaler Vereinbarungen.
25. Von 800 Unternehmensführern, die 2010 weltweit befragt wurden, stimmten 95% folgendem Satz zu: »Environmental und Social Gouvernance sollten ohne Wenn und Aber zur Strategie eines Unternehmens gehören.« 2007 waren es noch 72%, also binnen drei Jahren ein Anstieg um 24%.[9]

26. Der französische Wald wächst jährlich um 50.000 Hektar.
27. Die Abholzung des Regenwalds im brasilianischen Amazonasgebiet fiel zwischen 2004 und 2012 um 80%.
28. »Afrikas grüne Mauer« ist ein Umweltprojekt, das zum Ziel hat, die Desertifikation der Sahara und Sahelzone zu stoppen. Elf Länder haben sich zu dieser Initiative zusammengeschlossen, deren Ziel es ist, einen 7.000 Kilometer langen und 15 Kilometer breiten Streifen von Bäumen, Gehölzen und anderen Pflanzen anzulegen.
29. Es ist durchaus möglich, die landwirtschaftliche Produktivität zu steigern und gleichzeitig die Umwelt zu schonen.[10]
30. Im Lauf der letzten vier Jahrhunderte starben weniger als 1% aller Organismen aus; in den vergangenen dreißig Jahren starb keine einzige Meerestierart aus.
31. Seit einem halben Jahrhundert verdoppeln sich weltweit die Naturschutzzonen alle zehn Jahre.
32. 2016 wurde das größte Meeresgebiet, das Rossmeer, unter Schutz gestellt, wo insbesondere ein Drittel der weltweiten Populationen von Adeliepinguinen lebt (fast 1,5 Millionen Quadratkilometer, was fast dreieinhalb Mal so groß ist wie die Fläche des französischen Mutterlands).
33. Mehr als 350 vermeintlich ausgestorbene Tierarten wurden wieder gesichtet.
34. Einigen Tierarten, die vor wenigen Jahrzehnten noch vom Aussterben bedroht waren, geht es heute wieder gut: dem Amerikanischen Bison,

dem Buckelwal, dem Kalifornischen Kondor, dem Weißkopfseeadler, dem Wanderfalken, dem Schreikranich etc.

35. 2016 ist zum ersten Mal in 100 Jahren die Zahl der in Freiheit lebenden Tiger gestiegen.
36. In Frankreich brüten seit 1989 drei Vogelarten nicht mehr, aber 17 andere sind dort wieder heimisch geworden. Seit ungefähr 40 Jahren nimmt die Population der meisten tagesaktiven Greifvögel wieder zu – manche beträchtlich.[11]
37. 1974 gab es in Frankreich nur noch neun Weißstorchenpaare; heute sind es mehr als 1.900; desgleichen der Biber (zu Beginn des Jahrhunderts noch ein paar Dutzend, heute 15.000). Auch die Populationen anderer Tierarten stieg beträchtlich: die der Hirsche, Alpensteinböcke, Gämse etc.
38. Rocky Flats, während des Kalten Kriegs eines der verseuchtesten Gebiete der USA, ist heute ein Naturschutzreservat.
39. Der Rhein, noch vor 30 Jahren der am meisten verschmutzte Fluss Europas: Heute kann man wieder in ihm baden, obwohl an seinen Ufern die größte Industriedichte der Welt besteht.
40. 1990 gab es noch 14 Fischarten in der Seine im Ballungsraum Paris, heute sind es 21.[12]
41. In der Europäischen Union sank die Überfischungsrate von 33% im Jahr 2001 auf 7% im Jahr 2015.[13]
42. Die erneuerbaren Energien machen heute weltweit 30% der Energieerzeugung aus.
43. Zwischen 2004 und 2014 verachtfachte sich die weltweite Leistung der Windenergie, während sich die der Solarenergie verfünzigfachte.

NOCH NIE GAB ES SO WENIG GEWALT IN DER WELT

44. In Frankreich betrug die Tötungsrate 2010 nur noch ein Dreißigstel von der im Jahr 1500.
45. Im Großraum Paris sank die Tötungsrate zwischen 1994 und 2013, also in 20 Jahren, um 65%.
46. Zwischen 1950 und 2015 verdreizehnfachte sich die Zahl der Länder, die die Todesstrafe abgeschafft haben.
47. Ciudad Juárez gilt als »Welthauptstadt der Morde«, mit einem Rekord von 3.000 Morden im Jahr 2010. 2015 betrug diese Zahl nur noch ein Zehntel davon.
48. 2015 waren von 1.000 Todesfällen in der Welt nur drei einem Krieg geschuldet.
49. In den letzten Jahren haben verschiedene Terrorgruppen dem bewaffneten Kampf abgeschworen, insbesondere die IRA in Nordirland 2010, die ETA im Baskenland 2011, die FLNC in Korsika 2014 und die FARC in Kolumbien 2016.

ZU GUTER LETZT

50. Entgegen der landläufigen Meinung verkaufen sich gute Nachrichten gut. Der französische Film *Tomorrow – Die Welt ist voller Lösungen* hatte in Frankreich mehr als eine Million Besucher, was für einen Dokumentarfilm außergewöhnlich ist. *Willkommen bei den Sch'tis* und *Ziemlich beste Freunde* bilden zusammen mit *Der Untergang der*

> *Titanic* das bislang erfolgreichste Trio von Kinofilmen in Frankreich. Jedes Jahr erzielt die Tageszeitung *Libération* ihre höchste Auflage mit der Sonderausgabe *Libé des solutions*, die jeweils am 24. Dezember erscheint und über innovative Ideen und Lösungen berichtet. Die guten Nachrichten zählen zu den weit verbreitetsten in den Sozialen Netzwerken.[14]

Bevor Sie dieses Buch zum ersten Mal aufblätterten, hätten Sie all das wahrscheinlich nicht für möglich gehalten. Als ich begann, es zu schreiben, wusste ich ebenfalls nicht, wie positiv sich die Menschheit in den letzten Jahrzehnten entwickelt hat. Sicher, unsere Welt ist alles andere als perfekt, aber sie rast nicht auf eine Katastrophe zu, und wir haben allen Grund, optimistisch zu sein.

Anmerkungen

1 UNPD (2015), *Human Development Report 2015*, United Nations Development Programme, New York, S. 215

2 International Labour Organization (2014), *World social protection report 2014-2015. Building Economic Recovery, Inclusive Development and Social Justice*, Genf, ILO, S. 4.

3 Bazin, C., Duros, M. und Malet, J. (2016), *La Générosité des Français*, Lyon, Recherches et Solidarités.

4 UNO (2015), *Millenniums-Entwicklungsziele. Bericht 2015*, New York , Vereinte Nationen, S. 6.

5 World Bank (2016), *World Development Indicators*, Washington, World Bank, S. 12.

6 *International Labour Organization (2015), World Report On Child Labour 2015. Paving the way to decent work for young people*, Genf, BIT, S. 44-45.

7 The World Bank (2016), *Life expectancy at birth, total (years).*

8 Kjær, H. A. et al. (2016), »An optical dye method for continuous determination of acidity in ice cores«, *Environmental Science and Technology*, 50 (19), S. 10485-10493.

9 Lacy, P., Cooper, T., Hayward, R. und Neuberger, L. (2010), *A New Era of Sustainability. UN Global Compact-Accenture CEO Study*, United Nations Global Compact, S. 32.

10 FAO (2016), *State of the World's Forests 2016*, Rom, FAO.

11. Muller, Y. & Issa, N., (2015), Atlas des oiseaux de France métropolitaine, Lonay, Suisse, Delachaux et Niestl.

12 Azimi, S. und Rocher, V. (2016), »Influence of the water quality improvement on fish population in the Seine River (Paris, France) over the 1990-2013 period«, *Science of the Total Environment*, 542, S. 955-964.

13 Carpenter G., Kleinjans R., Villasante S. und O'Leary, B. C. (2016), »Landing the blame: The influence of EU member states on quota setting«, *Marine Policy*, 64, S. 9-15.

14 Berger J., Milkman K. (2009), *Social Transmission and Viral Culture*, Philadelphia, The Wharton School of the University of Pennsylvania, Working Paper.

DANKSAGUNG

Es liegt mir am Herzen, den Menschen zu danken, die meinem Leben Sinn verleihen und die mich durch ihre Liebe und Zuneigung bei dem, was ich tue, unterstützen. Mein Dank gilt Carmen, meiner Frau, immer präsent und verständnisvoll, ebenso wie den Mitgliedern ihrer Familie und meinen drei Kindern, Audrey, Aurélie und Maximilien sowie meinem Neffen Sébastien. Ihre Liebe begleitet mich tagtäglich in aller Stille, selbst aus der Ferne. Tupays und Maxence' Lächeln und herzhaftes Lachen bezaubern mich immer wieder aufs Neue. Ganz besonders schätze ich auch Guillaumes und Amandines Freundlichkeit.

Ebenso schätze ich mich glücklich, Denise' und Philippe Augendres schon viele Jahre währende Zuneigung zu genießen.

Meine Arbeit verhindert bisweilen, mehr Zeit mit anderen mir lieben Menschen zu verbringen, vor allem mit Christophe André, Jean-Christophe Barralis, Laurent Bèuge, Alain Caillé, Philippe Carré, Christine Cayré, Antonia Csilik, Daniel Favre, Fabien Fenouillet, Monique und Jocelyne Garcia, Daniéle Giraud, Jean Henriet, Virginie und Rémi Huerre, Charles Martin-Krumm, Jean Pagès, Evie Rosset, Matthieu Ricard, Rébecca Shankland, Jean-Michel Tavan und Stefan Vainstendael. Ihr sollt wissen, dass meine Gedanken euch stets begleiten.

Einen großen Teil meiner Inspiration schöpfe ich aus den verschiedenen Netzwerken, denen ich angehöre, insbesondere im Austausch mit meinen

Freunden von der Association Française de psychologie positive, ebenso wie mit jenen des Netzwerks der Konvivalisten.

Zu guter Letzt will ich dem Team meines Verlags danken, den éditions les Arènes, wo sich alle bemühen, aufmerksam und für andere da zu sein. Mit diesem Verlag zusammenzuarbeiten ist mir ein großes Vergnügen und eine Ehre. Mein ganz besonderer Dank gilt dem Verleger Laurent Beccaria für das Vertrauen, das er in mich setzt, ebenso wie Catherine Meyer, Gaëlle Fontaine und Sara Deux für die Charaktermischung aus Kompetenz und Wohlwollen, die sie auszeichnet.

Für alle Lebensliebhaber bietet das Gütersloher Verlagshaus Durchblick, Sinn und Zuversicht. Wir verbinden die Freude am Leben mit der Vision einer neuen Welt.

UNSERE VISION
EINER NEUEN WELT

Die Welt, in der wir leben, verstehen.

Wir sehen Menschlichkeit als Basis des Miteinanders: Mitgefühl, Fürsorge und Beteiligung lassen niemanden verloren gehen. Wir stehen für gelingende Gemeinschaft statt individueller Glücksmaximierung auf Kosten anderer.

Wir leben in einer neugierigen Welt: Sie sucht ehrgeizig und mitfühlend Lösungen für die Fragen unseres Lebens und unserer Zukunft. Wir fragen nach neuem Wissen und drücken uns nicht vor unbequemen Wahrheiten – auch wenn sie uns etwas kosten.

Wir leben in einer Gesellschaft der offenen Arme: Toleranz und Vielfalt bereichern unser Leben. Wir wissen, wer wir sind und wofür wir stehen. Deshalb haben wir keine Angst vor unterschiedlichen Weltanschauungen.

Das Warum und Wofür unseres Lebens finden.

Wir helfen einander, uns selber besser zu verstehen:
Viele Menschen werden sich erst dann in ihrem Leben zuhause fühlen, wenn sie den eigenen Wesenskern entdecken – und Sinn in ihrem Leben finden.

Wir ermutigen Menschen, zu ihrer Lebensgeschichte zu stehen:
In den Stürmen des Alltags geben wir Halt und Orientierung. So können sich Menschen mit ihren Grenzen aussöhnen und zuversichtlich ihr Leben gestalten.

Wir haben den Mut, Vertrautes hinter uns zu lassen:
Neugierde ist die Triebfeder eines gelingenden Lebens. Wir wagen Neues, um reich an Erfahrung zu werden.

Erfahren, was uns im Leben trägt und erfreut.

Wir glauben an die Vision des Christentums:
Die Seligpreisungen der Bergpredigt lassen uns nach einer neuen Welt streben, in der Vereinsamte Zuwendung, Vertriebene Zuflucht, Trauernde Trost finden – und Gerechtigkeit, Barmherzigkeit und Frieden herrschen.

Wir geben Menschen die Möglichkeit, den Glauben (neu) zu entdecken:
Persönliche Spiritualität gibt Kraft, spendet Trost und fördert die Achtung vor der Schöpfung sowie die Freude am Leben.

Wir stehen mit Respekt vor der Glaubenserfahrung anderer:
Wissen fördert Dialog und Verständnis, schützt vor Fundamentalismus und Hass. Wir wollen die Schätze anderer Religionen kennenlernen, verstehen und respektieren.

GÜTERSDIE
LOHERVISION
VERLAGSEINER
HAUSNEUENWELT

Bibliografische Information der Deutschen Nationalbibliothek

Die Deutsche Nationalbibliothek verzeichnet diese Publikation in der Deutschen Nationalbibliografie; detaillierte bibliografische Daten sind im Internet über https://portal.dnb.de abrufbar.

klimaneutral
powered by ClimatePartner°
Druck | ID 12559-1708-1001

FSC
www.fsc.org
MIX
Papier aus verantwortungsvollen Quellen
FSC® C083411

Verlagsgruppe Random House FSC® N001967

Originalausgabe: Jacques Lecomte, Le monde va beaucoup mieux que vous ne le croyez

1. Auflage

Umschlaggestaltung: Gute Botschafter GmbH, Haltern am See
Druck und Bindung: CPI books GmbH, Leck
Printed in Germany
ISBN 978-3-579-08698-9

www.gtvh.de